prépabac PRO

RÉUSSIR L'ÉPREUVE

Gestion administrative des relations avec le personnel

- **Marie-Madeleine Piroche**
  Inspectrice de l'Éducation nationale honoraire, Économie-Gestion
- **Sylvie Charreau**
  Professeure de lycée professionnel en Économie-Gestion

FOUCHER

Maquette intérieure : Frédéric Jély
Mise en page et infographies : STDI
Crédits photographiques : p. 12 et 13 : © Matton.

ISBN 978-2-216-15335-0

Mode d'emploi

Pourquoi ce Prépabac PRO ?

- Pour couvrir dans son intégralité le **Pôle 2 Gestion administrative des relations avec le personnel** des classes préparatoires au Baccalauréat professionnel Gestion Administration.

- Pour contribuer à votre formation générale et professionnelle et vous permettre d'acquérir un **corpus de connaissances** en gestion administrative des relations avec le personnel, utiles à la poursuite de vos études.

- Pour vous aider à vous préparer à **l'épreuve E2 Gestion administrative des relations avec le personnel.**

Pour chaque partie du Pôle 2 :

– des fiches de cours synthétiques rassemblent les notions essentielles à maîtriser ;

– des exercices progressifs permettent de tester l'acquisition des cours ;

– des corrigés expliqués aident à identifier les lacunes et à acquérir de bonnes méthodes.

En fin d'ouvrage, un sujet de Bac pro inédit et présenté selon la définition de l'épreuve certificative propose un entraînement efficace à l'examen.

Quel est l'objectif ?

L'objectif des auteurs est de proposer un **outil de travail complet et efficace** pour vous permettre :

- d'acquérir un socle solide de connaissances portant sur la gestion administrative des relations avec le personnel, indispensables pour votre future carrière ;

- de développer des méthodes d'observation et d'analyse ;

- de réussir l'épreuve d'examen.

sommaire

LA GESTION ADMINISTRATIVE DES RELATIONS AVEC LE PERSONNEL AU BACCALAUREAT PROFESSIONNEL GESTION-ADMINISTRATION

Le référentiel d'activités professionnelles

Arrêté du 27/12/2011 – Journal Officiel du 13/01/2012, disponible sur : http://www.education.gouv.fr/pid25535/bulletin_officiel.html?cid_bo=59067

Le pôle d'activités 2 – Gestion administrative des relations avec le personnel est découpé en 4 classes de situations professionnelles, subdivisées chacune en situations professionnelles.

2.1 Gestion administrative courante du personnel

2.1.1 Tenue et suivi des dossiers des salariés

2.1.2 Gestion administrative des temps de travail

2.1.3 Préparation et suivi des déplacements du personnel

2.1.4 Transmission d'informations à destination du personnel

2.2 Gestion administrative des ressources humaines

2.2.1 Participation au recrutement du personnel

2.2.2 Participation à la mise en œuvre d'un programme d'accueil

2.2.3 Suivi administratif des carrières

2.2.4 Préparation et suivi de la formation du personnel

2.3 Gestion administrative des rémunérations et des budgets de personnel

2.3.1 Préparation des bulletins de salaire

2.3.2 Préparation des déclarations sociales

2.3.3 Participation à la préparation et au suivi budgétaire

2.4 Gestion administrative des relations sociales

2.4.1 Suivi administratif des obligations liées aux instances représentatives du personnel

2.4.2 Préparation des tableaux de bord, des indicateurs sociaux

2.4.3 Participation à la mise en œuvre de procédures relevant de la santé et la sécurité

2.4.4 Participation à la mise en place d'activités sociales et culturelles

Les activités professionnelles du pôle 2 sont réalisées dans le respect de la législation en vigueur et des règles et procédures relevant de l'administration du personnel et de la gestion des ressources humaines.

L'épreuve E2 – Gestion administrative des relations avec le personnel (coefficient 4)

Les objectifs de l'épreuve

▪ L'épreuve a pour but d'évaluer la capacité du candidat à mobiliser ses compétences et ses connaissances en vue de traiter des situations professionnelles de gestion administrative des relations avec le personnel, relevant du pôle 2 du référentiel d'activités professionnelles et telles qu'elles sont décrites dans le référentiel de certification du diplôme.

▪ Ces compétences révèlent l'aptitude générale du candidat à renforcer les liens sociaux dans l'organisation par la prise en charge d'activités relevant de la gestion et de l'administration du personnel, de la gestion des ressources humaines, des relations avec les instances représentatives ou encore de toute autre action ou événement à caractère social.

Les critères d'évaluation

Au cours de l'épreuve E2, le candidat doit remplir des tâches et résoudre des problèmes relevant de la gestion administrative des relations avec le personnel, dans les limites de complexité apportées par la description des situations professionnelles dans le référentiel de certification. L'objectif est d'évaluer si le candidat est capable de :

- se situer et situer sa réflexion et son action dans un processus RH ;

- appliquer des consignes, des procédures, des textes réglementaires concernant les relations avec le personnel ;

- produire, renseigner, chiffrer, mettre à jour et contrôler des documents et des formulaires ;

- vérifier la cohérence et la qualité des documents traités du point de vue orthographique et syntaxique.

Les modalités de l'épreuve

Nature de l'évaluation	Modalités	Support	Déroulement
Contrôle ponctuel	Épreuve écrite (3 h, coef. 4)	Une étude de cas comportant plusieurs dossiers indépendants contextualisés	▪ L'épreuve prend appui sur des documents et ressources documentaires décrivant les situations professionnelles à traiter et nécessaires à la résolution de cas. ▪ Chaque dossier, présenté sous la forme d'une étude de cas, porte sur une ou plusieurs « situations problèmes ».
Contrôle en cours de formation	4 situations d'évaluation écrites (pour chaque situation : 1 h, coef. 1)	4 études de cas indépendantes portant chacune sur l'une des classes de situations du pôle 2	▪ Les situations prennent appui sur des documents destinés à préciser le contexte et permettre la résolution du cas. ▪ Chaque situation, présentée sous la forme d'une étude de cas, porte sur une ou plusieurs « situations problèmes ».

PARTIE 1

Gestion administrative courante du personnel

FICHES

Tenue et suivi des dossiers des salariés

Gestion administrative des temps de travail

Préparation et suivi des déplacements du personnel

Transmission d'informations à destination du personnel

1 Les dossiers du personnel

L'outil principal de la gestion des ressources humaines est le dossier du personnel. Il permet le suivi administratif des salariés et renferme les données relatives à chacun d'eux (informations personnelles, carrière, suivi...).

1 L'organisation du dossier du personnel

- Le dossier du personnel de l'organisation doit contenir **tous les renseignements utiles** pour gérer efficacement les ressources humaines.
- Les dossiers sont conservés sous forme papier mais également sous forme électronique et mis à jour régulièrement.
Au départ du salarié, certains documents doivent être archivés (exemples : contrat de travail pendant 5 ans, bulletins de paie sans limitation de durée...).
- L'accès à ces dossiers doit être limité car les informations sont **confidentielles**.

2 Le contenu du dossier individuel du salarié

L'employeur doit collecter un certain nombre de documents afin de constituer le dossier du salarié. Celui-ci peut se composer de la façon suivante :

Pochettes (sous-dossiers)	Documents
Informations personnelles	▸ Fiche état civil ▸ Photocopies des diplômes ▸ Photocopie du permis de conduire (éventuel) ▸ Exemplaire du CV + lettre de motivation ▸ Test d'embauche (facultatif)
Contrat de travail	▸ Contrat de travail ▸ Description du poste/Fiche de poste ▸ DUE (Déclaration unique d'embauche) ▸ Adhésion à la caisse de retraite ▸ Contrat d'assurance individuelle ▸ Contrat d'assurance collective

Pochettes (sous-dossiers)	Documents
Évaluation	◗ Fiches de compétences ◗ Certificats de travail des emplois antérieurs ◗ Lettres éventuelles de recommandation ◗ Compte rendu annuel d'évaluation
Formation	◗ Relevé des formations suivies ◗ Fiche d'évaluation de la formation
Médecine du travail	◗ Inscription du salarié ◗ Relevé des visites ◗ Compte rendu des visites
Arrêt maladie, accident du travail	◗ Déclaration d'arrêt maladie ◗ Déclaration d'accident du travail ◗ Attestation de salaire
Congés payés	◗ Relevé des dates de congés payés ◗ Fiche de demande de congés payés ◗ Fiche de suivi des congés payés
Absences	◗ Fiches d'autorisation d'absence de l'année en cours ◗ Relevé des absences de l'année en cours
Salaires	◗ Bulletins de salaire de l'année en cours ◗ Relevé des heures de l'année en cours ◗ Relevé des frais de l'année en cours ◗ Relevé des remboursements de frais de l'année en cours
Dossier disciplinaire	Lettre de sanction (blâme, avertissement, mise à pied, etc.)
Départ ou retraite de l'employé	◗ Lettre de démission ◗ Lettre de licenciement ◗ Documents relatifs au licenciement et au départ négocié ◗ Certificat de travail ◗ Reçu pour solde de tout compte ◗ Attestation Pôle Emploi

2 Les modes et les moyens de rangement

Pour ranger les documents, l'entreprise utilise du mobilier de classement : classeurs, armoires... Suivant les modes de rangement choisis par l'organisation (horizontal, vertical...), les procédés de classement diffèrent.

1 Le mobilier et le matériel de classement

A Le mobilier

Les mobiliers de classement couramment utilisés dans les entreprises sont les suivants :

Armoire

Tiroirs de bureau

Meuble à clapets

Classeur à tiroirs

Étagère

Classeur rotatif

B Le matériel

Les documents sont rangés dans des dossiers :

Chemises à rabats

Dossier à sangle

Classeurs à levier

Dossiers suspendus

2 Les procédés de classement

A Le classement horizontal ou à plat

Les dossiers sont empilés les uns au-dessus des autres, le dos du dossier positionné face à l'utilisateur.

Matériels	Mobilier	Exemple
▸ Dossiers à sangles ▸ Chemises à rabats ▸ Chemises cartonnées	▸ Étagères ▸ Rayonnages	

B Le classement sur champ ou debout

Les dossiers sont rangés les uns à côté des autres, le dos du dossier positionné face à l'utilisateur.

Matériels	Mobilier	Exemple
▸ Classeurs à anneaux ▸ Classeurs à levier ▸ Chemises à rabats	▸ Étagères ▸ Rayonnages ▸ Armoires ▸ Classeurs rotatifs	

C Le classement suspendu

Les dossiers sont suspendus dans un hamac, ils reposent sur le dos et sont accrochés dans un meuble. Le titre du dossier est visible soit sur le côté (visibilité latérale) soit sur le dessus (visibilité supérieure).

Matériels	Mobilier	Exemples
Dossiers suspendus dans des hamacs les uns derrière les autres, à visibilité supérieure	▸ Classeurs à hamacs ▸ Tiroirs de bureau	
Dossiers suspendus dans des hamacs, à visibilité latérale	▸ Armoires ▸ Classeurs rotatifs ▸ Bacs métalliques	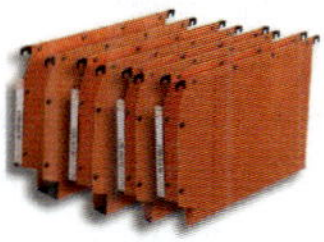

3 Les modes de classement

Confrontée aux problèmes du classement et de l'archivage, l'entreprise doit être en capacité de retrouver les documents produits et reçus très rapidement. Pour ce faire, il existe différents ordres de classement.

1 Les ordres de classement principaux

A Le classement alphabétique

Principe : les dossiers sont classés suivant la succession des lettres de l'alphabet.

Avantages	Inconvénients	Exemples
◗ Simple, le classement de noms et de mots ne pose pas de difficultés. ◗ Rapide quand il y a un nombre de documents restreint. ◗ Extensible à l'infini, il est possible d'insérer un nouveau dossier entre deux dossiers déjà existants.	◗ Règles compliquées pour classer des dénominations. ◗ Lent quand il porte sur un nombre important de documents. ◗ Peu sûr, il est difficile de repérer l'absence d'un dossier ou le déclassement.	◗ Dossiers du personnel ◗ Dossiers des fournisseurs ◗ Dossiers des clients

1. Le choix du terme directeur

Le **classement alphabétique** est adapté pour classer les raisons sociales de sociétés, les noms de personnes, les clients, les fournisseurs… Ce classement est difficile pour les dénominations (ou rubriques) comportant plusieurs mots. Il convient donc de choisir le terme directeur qui servira d'indicatif de classement. Ce **mot directeur** est choisi selon les règles définies par la norme AFNOR (Association française de normalisation) NF Z44001.

Mots-clés

◗ **Dénomination** : ensemble de mots qui désigne une entreprise ou une personne (exemple : société Dupond & fils).

◗ **Terme directeur** : mot ou groupe de mots le plus important de la dénomination.

Les termes prioritaires	Mot directeur	Exemples
Nom(s) propre(s) ou nom(s) propre(s) composé(s)	◗ Le 1er nom propre ◗ Font partie du nom les articles *au, aux, des, la, les, saint* et *sainte* ◗ Ne font pas partie du nom les particules *de* et *d'*	◗ Entreprise *Poriche* et compagnie ◗ Restaurant *Saint-André*
Un prénom employé seul	Le prénom	Salon de coiffure *Sylvie*
Un nom géographique	◗ Le 1er nom géographique (pays, région, département, ville…) ◗ Sont considérés comme noms propres les points cardinaux et leurs composés ainsi que le mot *centre*	◗ Grand hôtel de *Dijon* ◗ Garage du *centre* ◗ Les matériaux du *sud-ouest*
Un nom publicitaire ou un sigle	Le 1er nom publicitaire (sauf si la rubrique est placée entre guillemets) ou le 1er sigle	◗ Transports *DIVIA* ◗ *CCI* (chambre de commerce et d'industrie) ◗ Hôtel « *Au bon repos* »
Un mot étranger	Le 1er mot étranger	La maison du *Pull-Over*
Les termes ordinaires	**Mot directeur**	**Exemples**
Un adjectif pris substantivement	Le 1er adjectif pris comme nom	La *Régionale* de l'assurance
Des mots communs	Le 1er mot commun à l'exception de *société, compagnie, entreprise*	◗ Compagnie des *matériaux* ◗ *Comptoir* des importations
Un nom commun précédé d'un adjectif numéral	L'adjectif numéral	Aux *mille* chaussures

2. L'indexation des rubriques

L'indexation consiste à retenir une liste de **mots-clés significatifs** et à les classer alphabétiquement. Pour indexer convenablement, il faut :

1. Déterminer le mot directeur de la rubrique (le nom par exemple) et le placer au début (écrire le mot directeur en majuscules) ;
2. Écrire ce qui suit le mot directeur ;
3. Placer à la fin, entre parenthèses, ce qui précède le mot directeur.

Exemple

Entreprise Poriche et compagnie
1. **PORICHE** → mot directeur
2. PORICHE **et compagnie** → ce qui suit le mot directeur
3. PORICHE et compagnie (**entreprise**) → ce qui précède le mot directeur

B Le classement numérique

Principe : les dossiers sont classés suivant la suite logique des nombres.

Avantages	Inconvénients	Exemples
◗ Extensible à l'infini ◗ Sécurité : l'absence d'un dossier se repère vite ◗ Confidentialité : les indices numériques ne signifient rien sans le répertoire	◗ Nécessite la tenue d'un répertoire alphabétique ◗ Rupture de classement provoquée par la sortie définitive d'un document	◗ Dossiers juridiques ◗ Dossiers fiscaux ◗ Documents commerciaux

C Le classement idéologique

Principe : les dossiers sont classés par thèmes, chaque thème pouvant être divisé en sous-thèmes. Les documents à l'intérieur sont classés par ordre alphabétique ou numérique. Un plan de classement est nécessaire pour définir les thèmes et leurs subdivisions.

Avantages	Inconvénients	Exemples
Extensible à l'infini, les thèmes sont créés en fonction des besoins	◗ Difficulté pour les documents qui traitent de plusieurs thèmes ◗ Nécessité d'un thésaurus	◗ Documentations techniques ◗ Catalogues

2 Les ordres de classement dérivés

A Le classement alphanumérique

■ Cet ordre de classement consiste à **combiner l'ordre alphabétique et l'ordre numérique**. Les dossiers sont regroupés par tranches alphabétiques et classés par numéros. Un répertoire alphabétique est nécessaire pour inscrire les dénominations et les numéros correspondant à ces dernières.

■ Le classement alphanumérique est utilisé pour des dossiers confidentiels, des dossiers en nombre important…

B Le classement chronologique

Les documents sont classés d'après leur **date de création**. Ce classement est souvent utilisé pour les courriers, les factures, les procès-verbaux de réunions…

C Le classement décimal

Il consiste à combiner le **classement idéologique et le classement numérique**. Les dossiers sont classés par thèmes auxquels est attribué un numéro à un chiffre de 0 à 9. À chaque sous-thème, on attribue un numéro à deux chiffres, le premier chiffre correspondant au thème et ainsi de suite. Ce principe permet une division de plus en plus pointue. Le plan comptable en est un exemple.

Mot-clé

Thésaurus : lexique de mots utilisés pour le classement.

D Le classement géographique

■ Cet ordre de classement consiste à combiner le **classement idéologique et le classement alphabétique**. Les dossiers sont regroupés d'après une division territoriale : pays, région, département, commune…

■ Le classement géographique est utilisé pour des fiches clients par secteurs de représentants par exemple.

4 Les modes d'archivage

Chaque entreprise doit conserver les documents qui y circulent pendant une durée définie par la réglementation et mettre en place des modes d'archivage adaptés.

1 L'archivage physique (ou papier)

- L'archivage est potentiellement une source de **sécurité juridique**, **fiscale** et **financière** pour l'entreprise. Les documents, quels qu'ils soient, doivent être classés et indexés.
- Les documents d'archives sont stockés dans un local d'archives de façon à être **accessibles** et **protégés** contre les détériorations.
- Les documents très importants peuvent être conservés dans un coffre-fort ou une chambre forte résistant au feu, aux inondations…
- Certaines sociétés établissent des contrats avec des **entreprises d'archivage** ou ont un centre d'archivage hors site. Certains documents sont gardés indéfiniment (exemple : historique de la firme).

À savoir

L'article L211-1 de la loi n° 2016-925 du 7 juillet 2016 définit les archives comme « l'ensemble des documents, y compris les données, quels que soient leur date, leur lieu de conservation, leur forme et leur support, produits ou reçus par toute personne physique ou morale et par tout service ou organisme public ou privé dans l'exercice de leur activité ».

2 L'archivage électronique

- Les archives électroniques désignent les mails, les documents bureautiques, les dossiers numérisés, les bases de données, les données échangées par téléprocédures…

À savoir

Depuis la loi du 13 mars 2000, les documents numériques ont la même valeur que les documents papier.

- L'archivage électronique consiste à conserver de façon pérenne des données sous forme électronique sur un **support électronique** dédié à cet effet. Les informations sont donc **dématérialisées** et conservées sur une longue durée (3, 5, 10, 30 ans).

■ L'archivage électronique de documents présente des avantages :
- un gain de temps ;
- la préservation des ressources ;
- la sécurisation assurée des documents externalisés ;
- l'accès rapide et confidentiel aux données.

3 La durée d'archivage des documents

La conservation des documents d'entreprise constitue une **obligation réglementaire**. Les archives sont nécessaires lors de contrôles administratifs, de réclamations, ou en cas de litiges avec un fournisseur ou un client. Ces pièces apportent la preuve des droits et des obligations indispensables à l'exercice de l'activité. Selon la nature du document, la durée légale de conservation varie.

Liste des documents à conserver	Délais
Documents commerciaux	
▸ Correspondance commerciale	10 ans
▸ Contrats de vente de biens et services	10 ans
▸ Contrats d'acquisition et de cession des biens immobiliers et fonciers	30 ans
▸ Documents bancaires (relevés bancaires, avis de débit et de crédit, talons de chèques, etc.)	10 ans
Documents comptables	
▸ Livre journal, grand livre, livre d'inventaire	10 ans
▸ Pièces justificatives, factures, bons de commande et de livraison	10 ans
Documents sociaux	
▸ Statuts de la société et pièces modificatives des statuts	30 ans
▸ Registre des procès-verbaux d'assemblées et de conseils d'administration	30 ans
▸ Feuilles de présence et pouvoirs, rapports du gérant ou du conseil d'administration et rapports des commissaires aux comptes	3 ans
▸ Comptes annuels	10 ans
Documents relatifs au personnel	
▸ Registre du personnel	5 ans
▸ Bulletins de paie, reçus pour solde de tout compte, etc.	5 ans
▸ Comptabilisation des horaires de chaque salarié	1 an
▸ Vérifications et contrôles de l'hygiène et de la sécurité	5 ans

5 La gestion électronique des données

La gestion électronique des données (GED) englobe tout le processus visant à gérer et organiser les documents de manière informatisée. Elle suit toutes les étapes du cycle de vie d'un document, de sa création à son archivage.

1 Les fonctionnalités de la GED

La GED rassemble un ensemble d'outils et de technologies qui permettent de rationaliser le traitement des documents sous une forme dématérialisée.

A Les étapes de la GED

Acquisition des documents

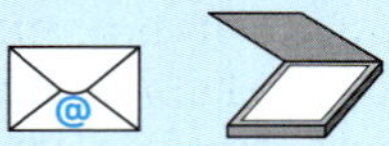

L'acquisition concerne les documents existants ou produits, les documents papier (*via* numérisation) ou électroniques.

↓

Gestion des documents

Lorsqu'un document entre dans un **système de gestion**, il doit pouvoir être retrouvé. C'est l'étape du **classement** et de l'**indexation**.

↓

Stockage des documents

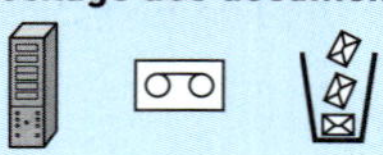

Après avoir été indexés et classés, les documents sont **stockés** dans des serveurs de stockage ou **archivés.**

↓

Diffusion des documents

Les documents ont vocation à être diffusés, électroniquement ou après impression. Il faut quelquefois les transformer avant **diffusion**.

À savoir

Les documents peuvent être :
- **nativement digitaux** (exemple : un formulaire d'un site Internet) ;
- **créés** directement avec le logiciel de GED ;
- **papier** (ils seront scannés).

B Des exemples d'utilisation de la GED

La gestion électronique des données dans l'organisation peut servir à :
- archiver les factures clients, les factures fournisseurs ;
- classer les courriers ;
- conserver les dossiers clients (devis, factures, bons de livraison...) ;
- ranger les curriculums vitae ;
- diffuser et archiver des revues de presse ;
- stocker pour une veille technologique les documents techniques, les articles...

2 Les atouts de la GED dans une entreprise

A Les avantages et les inconvénients

Avantages	Inconvénients
◗ Réunit toutes les informations produites ou reçues par l'entreprise dans un même lieu ◗ Réduit les coûts liés au papier ◗ Permet aux collaborateurs, sur place ou à distance, de retrouver instantanément un document papier ou électronique ◗ Permet d'indexer, classer et diffuser automatiquement toutes les pièces d'un dossier client (courriers, mails, factures...) ◗ Contribue à une recherche simple et rapide des documents	◗ Implique des coûts financiers (mise en place de l'infrastructure technique et intégration des documents existants dans la GED) ◗ Impose que les utilisateurs soient formés et accompagnés lors de la mise en place de la GED (logiciels et application des nouvelles procédures)

B Les enjeux

Avec la GED, le traitement et la circulation des documents sont facilités. En effet, la GED permet une **maîtrise des flux de documents** et une **amélioration de la traçabilité**. Elle répond aussi aux obligations liées à l'archivage et aux exigences du processus qualité. Cependant, les investissements au départ sont importants et la GED nécessite la mise en place de nouvelles procédures dans l'entreprise. Mais, incontestablement, elle engendre des **gains de productivité** intéressants et induit donc des **économies financières**.

6 Le décompte du temps de travail effectif

La durée du travail effectif correspond au temps pendant lequel le salarié est à la disposition de l'employeur et se conforme à ses directives sans pouvoir vaquer librement à des occupations personnelles.

1 La réglementation du travail

Le décompte des heures doit s'effectuer dans le respect de la réglementation du temps de travail.

A La durée du travail

- La **durée légale du travail** effectif est fixée à **35 heures** hebdomadaires pour toutes les entreprises quel que soit leur effectif.
- **Mensuellement**, la durée légale est de 151,67 heures, ce qui correspond au calcul suivant :

$$35 \text{ heures} \times 52 \text{ semaines} / 12 \text{ mois}$$

- La **durée maximale de travail** autorisée, au-delà de laquelle des heures supplémentaires sont payées, est la suivante :
  - 10 heures par jour (8 heures pour les moins de 18 ans et les travailleurs de nuit) ou 12 heures par jour fixées par accord d'entreprise en cas d'activité accrue ou pour des motifs liés à l'organisation de l'entreprise ;
  - 48 heures par semaine ;
  - 44 heures en moyenne par semaine sur 12 semaines consécutives, moyenne pouvant être portée à 46 heures si un accord d'entreprise le prévoit ou à 60 heures en cas de circonstances exceptionnelles sur autorisation de l'inspection du travail.
- Certains salariés peuvent être employés à mi-temps ou à temps partiel.

B L'aménagement du temps de travail

Un **accord collectif d'entreprise**, une **convention** ou un **accord de branche** peuvent définir les modalités d'aménagement du temps de travail et organiser la répartition de la durée du travail sur une période supérieure à la semaine et au plus égale à l'année.

C Le repos compensateur obligatoire

En contrepartie des heures supplémentaires effectuées par les salariés, l'entreprise est tenue de leur accorder une **majoration de salaire** éventuellement remplacée par un **repos compensateur**. Les modalités de calcul sont variables selon l'effectif de l'entreprise.

2 Le décompte du temps de travail

A Le calcul des heures effectuées

- Il convient de recenser les heures travaillées, y compris les heures supplémentaires. Les heures supplémentaires se décomptent par semaine civile qui débute le lundi à 0 heure et se termine le dimanche à 24 heures (sauf stipulations contraires fixées par un accord d'entreprise).
- Une **majoration de salaire** est prévue pour les **heures supplémentaires** : 25 % pour les 8 premières heures supplémentaires (de la 36e à la 43e heure) et 50 % à partir de la 44e heure. Un accord d'entreprise peut ramener à 10 % la majoration de salaire des heures supplémentaires.
- Un salarié à temps partiel peut effectuer des **heures complémentaires**, accomplies au-delà de la durée de travail prévue dans son contrat.

B Les outils de décompte du temps de travail

- Les **relevés d'heures** sont réalisés manuellement, sur tableur ou à l'aide d'outils mécaniques comme la **pointeuse** (badgeuse, pointeuse mobile), dispositif qui enregistre le temps travaillé et imprime le décompte sur tout support matériel papier ou carton.
- La **feuille de pointage** constitue l'enregistrement papier ou numérique des données.

À savoir

La loi Travail du 8 août 2016 institue pour le salarié un « **droit à la déconnexion** » (article L. 2242-8 7e alinéa du Code du travail). Il a pour objectif « d'assurer le respect des temps de repos et de congé ainsi que de la vie personnelle et familiale », et fait l'objet d'une négociation annuelle obligatoire dans chaque entreprise. À défaut, une charte doit être mise en place par l'employeur après consultation des IRP (instances représentatives du personnel).

Exemple d'une feuille de décompte du temps de travail

imprimerie SEIC

FICHE HORAIRE DE TRAVAIL

À remettre à la fin de chaque semaine au chef de service

NOM : Jean-Pierre Dumas .... Semaine du : 30/09/201N .... au : 04/10/201N ....

	Temps effectué				Durée du travail	Heures normales	Écart
	Entrée	Pause		Sortie		Réservé à la Direction	
		Début	fin				
Lundi	8h15	12h15	13h30	17h00	7h30	....	....
Mardi	8h30	12h00	14h00	17h30	7h00	....	....
Mercredi	9h00	12h30	14h00	17h00	6h30	....	....
Jeudi	8h30	12h00	13h30	17h00	7h00	....	....
Vendredi	8h15	12h15	14h00	17h00	7h00	....	....
Samedi							
				Total hebdomadaire	....	....	....

Remplir chaque jour

VU MME MAMECIER

Arrêt maladie : AM *Congé payé : CP* *Congé sans solde : CS* *Congé conventionnel : CC*

Pour aller plus loin

Liste des jours fériés légaux
Cas général (c. trav. art. L. 222-1) : - 1er janvier - Lundi de Pâques - 1er mai (jour légalement chômé) - 8 mai - Ascension - Lundi de Pentecôte - 14 juillet - 15 août - 1er novembre - 11 novembre - 25 décembre
Exclusivement en Alsace-Moselle (loi 2005-296 du 31 mars 2005, JO du 1er avril) : - Vendredi saint - 26 décembre
Exclusivement dans les DOM (loi 83-550 du 30 juin 1983, JO du 1er juillet) : jour de la commémoration de l'esclavage (dates différentes en Guadeloupe, Guyane, Martinique, à la Réunion et à Mayotte).

7 Les outils de gestion du temps de travail

Pour être efficace dans la gestion du temps de travail, l'entreprise doit savoir planifier les tâches dans les délais impartis, les classer par ordre de priorité, et organiser ses activités au quotidien.

1 La liste des tâches

■ Une liste de tâches est réalisée et contrôlée régulièrement afin de comparer le prévisionnel au réalisé.

■ Pour savoir si l'objectif a été atteint :
- les **tâches importantes non urgentes** sont à planifier ;
- les **tâches urgentes et importantes** sont réalisées en priorité ;
- les **tâches peu importantes et moins urgentes** sont traitées après ;
- les **tâches peu importantes, mais urgentes** peuvent être déléguées.

2 Les outils de gestion du temps

A L'agenda partagé

■ Présenté sous forme de **calendrier électronique**, il est mis en réseau dans l'entreprise. Il sert à rassembler les agendas de plusieurs personnes sur un seul et même agenda, en temps réel.

■ Il permet entre autres :
- d'afficher les activités de plusieurs collaborateurs (rendez-vous, réunions, séminaires, etc.) ;
- de connaître les disponibilités de chacun ;
- de planifier automatiquement des tâches récurrentes (exemple : réunion de direction tous les lundis) ;
- de réserver une salle de réunion.

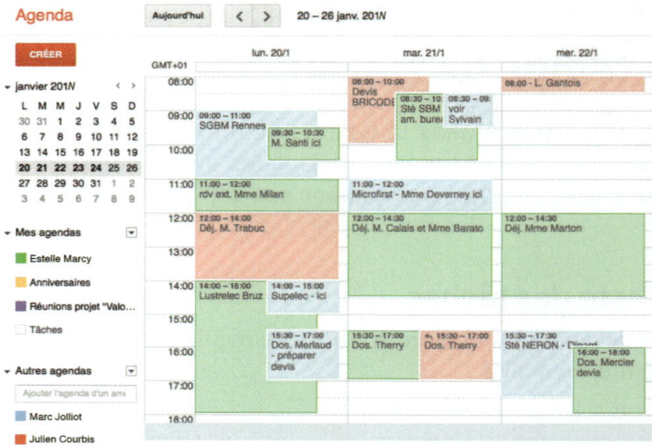

B Le diagramme de Gantt

- Le diagramme de Gantt est un **outil de gestion de projet** (et donc de temps). Les colonnes représentent les jours, les semaines ou les mois.
- Ce diagramme modélise le planning et l'avancement des opérations bénéfiques à la réalisation du projet.

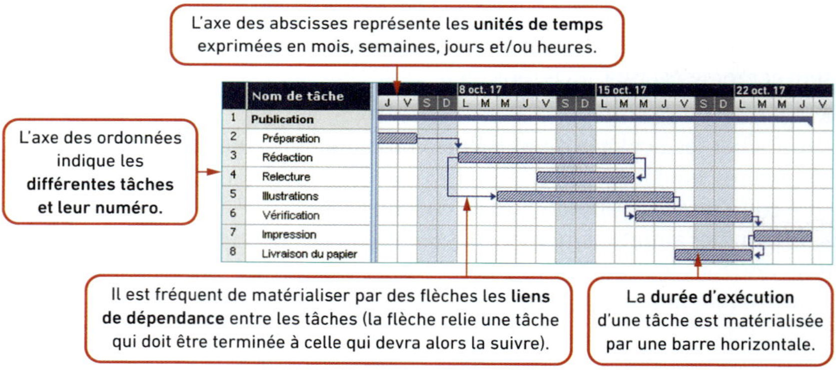

C Le diagramme de PERT

Après avoir défini un projet, les opérations qui le constituent, les liens entre les opérations et leur durée, l'utilisation du diagramme de PERT permet de mettre en évidence le **chemin critique des tâches** à réaliser afin d'en limiter la durée de réalisation.

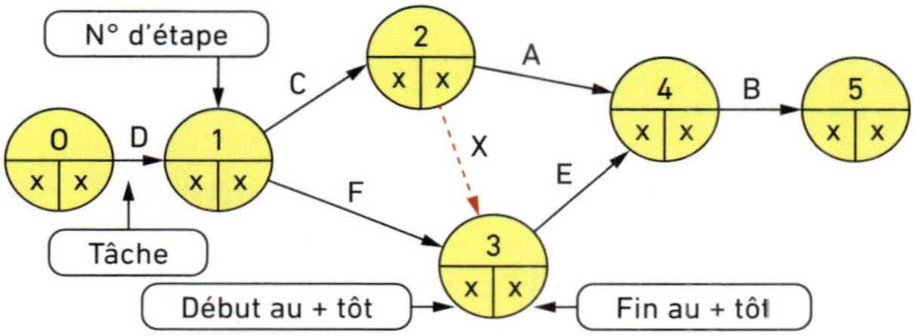

D Le *mind mapping*

Cet outil permet de **synthétiser les idées** dans un schéma structuré.

Le *mind mapping* se présente sous la forme d'une carte heuristique (carte des idées) avec au centre une idée générale (un mot, un dessin ou une photographie) et autour de cette idée générale un ensemble de ramifications (arborescence) rattachées à l'idée principale.

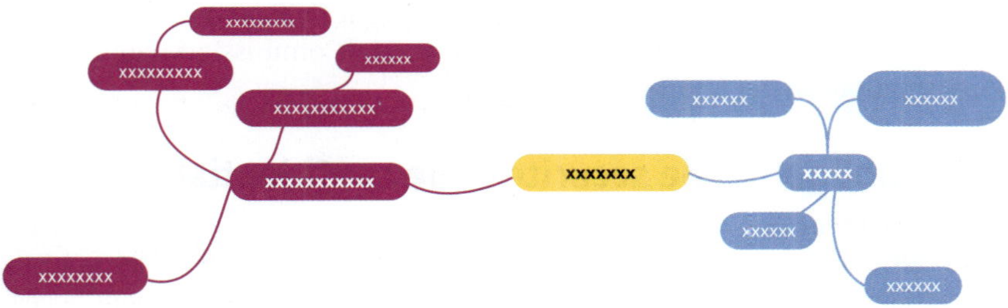

8 La sécurité et la confidentialité des données

Le traitement des données personnelles est soumis à des obligations destinées à protéger la vie privée des personnes et les libertés individuelles.

1 La déclaration d'un fichier de données

A Les données personnelles

D'après l'article 2 de la loi « Informatique et libertés », les données personnelles désignent « toute information relative à une personne physique identifiée ou susceptible de l'être, directement ou indirectement ». Ces informations sont par exemple le nom et le prénom, la date de naissance, une adresse, un numéro de téléphone, un numéro de sécurité sociale, une photo d'identité...

B Le traitement des données

Le traitement des données personnelles recouvre les opérations de collecte, d'enregistrement, d'organisation, de stockage, de modification, d'extraction, d'utilisation et de transmission des données. Tout fichier soumis à un traitement des données **doit être déclaré à la CNIL** (Commission nationale de l'informatique et des libertés).

2 L'obligation de sécurité et de confidentialité

- Le traitement des données doit intégrer des **mesures de sécurité et de confidentialité** des systèmes d'information afin d'empêcher que les fichiers soient falsifiés, endommagés, ou que des tiers non autorisés y aient accès. Généralement, l'accès aux données est réservé aux personnes désignées. La durée de conservation des informations personnelles doit être raisonnable.
- Si l'entreprise ne respecte pas ses obligations, elle encourt des **sanctions pénales** (emprisonnement et amende) mais également des sanctions de la part de la CNIL (avertissement, amende, verrouillage des données pendant 3 mois, injonction d'arrêter le traitement des données ou un retrait d'autorisation).

3 Le règlement général sur la protection des données

Le règlement européen sur la protection des données (RGPD) est une nouvelle réglementation européenne, entrée en vigueur le 21 juin 2018, qui a pour objectifs de **renforcer les droits des personnes** et de **responsabiliser les acteurs traitant des données personnelles**.

Exemple de formulaire de déclarations auprès de l'Administration

CNIL.
COMMISSION NATIONALE INFORMATIQUE & LIBERTÉS
3 Place de Fontenoy - 75334 PARIS Cedex 07
T. 01 53 73 22 22 - F. 01 53 73 22 00
www.cnil.fr

Cadre réservé à la CNIL
N° d'enregistrement

cerfa
N° CERFA 13810*03

DÉCLARATION SIMPLIFIÉE
ENGAGEMENT DE CONFORMITÉ
(Articles 24-I, 25-II, 26-IV et 27-III de la loi n° 78-17 du 6 janvier 1978 modifiée en 2004)

1 Déclarant

☐ *Vous êtes un organisme (personne morale)*
☐ *Vous êtes une personne physique*

** Champs obligatoires*

Nom et prénom ou raison sociale*
Service
Adresse*
Code postal* **Ville***
Adresse électronique*
Sigle (facultatif)
N° SIRET*
N° SIREN — CODE ÉTABLISSEMENT
Code APE*
Téléphone*
Fax

Personne destinataire du récépissé et contact au sein de l'organisme déclarant si un complément d'information doit être demandé :

Nom et prénom*
Adresse électronique*

2 Texte de référence*

Vous déclarez par la présente que votre traitement est strictement conforme aux règles énoncées dans le texte de référence. Veuillez sélectionner la case correspondant à votre situation (plusieurs choix sont possibles) et préciser le n° de référence du texte :

Nature du texte	N° de référence	N° de référence	N° de référence	N° de référence	N° de référence
☐ Norme simplifiée	NS -	NS -	NS -	NS -	NS -
☐ Autorisation unique	AU -	AU -	AU -	AU -	AU -
☐ Acte réglementaire unique	RU -	RU -	RU -	RU -	RU -
☐ Méthodologie de référence	MR -	MR -	MR -	MR -	MR -
☐ Autorisation unique - BCR	BCR -	BCR -	BCR -	BCR -	BCR -

3 Transferts de données hors de l'Union Européenne*

Vous transférez tout ou partie des données enregistrées dans votre traitement vers organisme (filiale, maison mère, prestataire de service, etc.) qui se trouve dans un pays situé hors de l'Union Européenne :

☐ *Non* ☐ *Oui*

4 Signature

Personne responsable de l'organisme déclarant :

Nom et prénom*
Fonction
Adresse électronique*
Date* ___/___/______
Signature

Les informations recueillies font l'objet d'un traitement informatique destiné à permettre à la CNIL l'instruction des déclarations qu'elle reçoit. Elles sont destinées aux membres et services de la CNIL. Certaines données figurant dans ce formulaire sont mises à disposition du public en application de l'article 31 de la loi du 6 janvier 1978 modifiée. Vous pouvez exercer votre droit d'accès et de rectification aux informations qui vous concernent en vous adressant à la CNIL : 3 Place de Fontenoy - TSA 80715 - 75334 PARIS Cedex 07.

N° CERFA 13810*03 — CNIL - FORMULAIRE ENGAGEMENT DE CONFORMITÉ

9 Les procédures de gestion des déplacements

La procédure de gestion des déplacements professionnels correspond aux différentes opérations à effectuer pour organiser, planifier et suivre les différentes étapes des déplacements.

1 Les étapes d'un déplacement professionnel

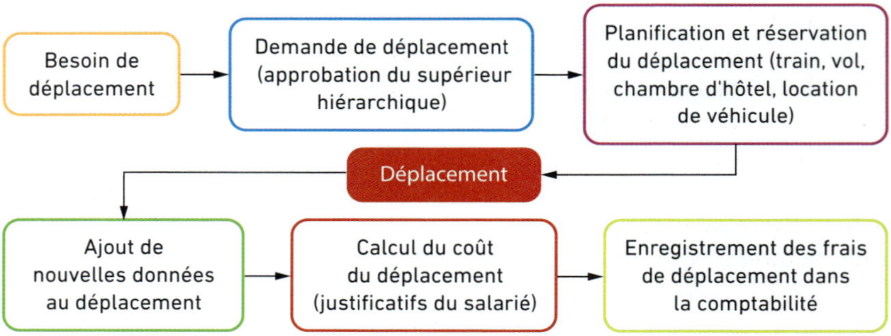

À savoir

Cette procédure peut se présenter sous forme de schéma ou de liste de tâches.

A La demande de déplacement

■ Afin d'identifier les besoins et les contraintes liées à un déplacement, la personne en charge de sa préparation doit obtenir toutes les informations utiles : la destination, la date et l'heure du déplacement, le nombre de prestations de déplacement requises (vol, billet de train, location de véhicule, chambre d'hôtel) et le déroulement du déplacement.

■ Le salarié peut également demander une avance sur les frais de déplacement.

B La planification des déplacements et les réservations

La planification des déplacements consiste à établir une **liste de tâches à réaliser**, l'exécution de certaines d'entre elles pouvant exiger un délai assez long (exemple : organisation d'un voyage à l'étranger).

Il faut donc :
- analyser les horaires et étudier les tarifs des billets d'avion ou de train afin de déterminer ceux qui correspondent à la demande ;
- sélectionner un hôtel ;
- étudier les tarifs des agences de location de voitures en cas de besoin ;
- effectuer les réservations nécessaires en ligne (SNCF, Air France...), par téléphone ou par courrier.

2 Le suivi du déplacement

■ Avant son départ, le salarié doit récupérer tous les documents nécessaires à son déplacement (**feuilles de route**, horaires de train ou d'avion, confirmations de réservation et billets, coordonnées de l'hôtel...) auprès de la personne en charge de préparer le déplacement.

> **Mot-clé**
> **Feuille de route** : document retraçant l'itinéraire.

■ Dès son retour et afin de se faire rembourser les frais engagés, le salarié complète et remet à l'entreprise une **note de frais** en joignant les pièces justificatives (factures d'hôtel, de restauration, tickets d'autoroute...).

Exemple de note de frais

NOTE DE FRAIS DÉPLACEMENT – DÉTAIL DES DÉPENSES
(à retourner dans les 15 jours suivant le déplacement avec justificatifs)

Nom : .... Prénom : .... Fonction : ....
Date du déplacement : du .... au .... Lieu : ....
Objet du déplacement : ....

Transport		Carburant		Hôtel		Restauration		Divers	
Nature	Mnt en €	Nature	Mnt en €	Nature	Mnt en €	Nature	Mnt en €	Nature	Mnt en €
Total		Total		Total		Total		Total	
								TOTAL	

Frais kilométriques		
Date	Lieu	km

Signature du salarié : ....
Signature du hiérarchique : ....
Validation service Comptabilité :

10 Le coût des déplacements

Les déplacements effectués par les salariés représentent un coût pour l'entreprise. Il faut donc évaluer les différentes dépenses relatives à un déplacement pour en déterminer le coût global.

1 Les frais de transport

A Les indemnités kilométriques

Les **frais de transport** correspondent à des dépenses engagées par le salarié pour les besoins de son activité professionnelle. Ces frais sont remboursés par l'employeur selon un **barème kilométrique** qui permet de calculer de façon forfaitaire l'ensemble des frais liés à l'utilisation d'un véhicule en fonction de sa puissance et de la distance parcourue. Les indemnités kilométriques sont censées couvrir les frais de carburant, l'entretien du véhicule, la dépréciation du véhicule et l'assurance.

Exemple de barème pour le calcul des indemnités kilométriques

Puissance administrative	Jusqu'à 5 000 km	De 5 001 km à 20 000 km	Au-delà de 20 000 km
3 CV et moins	d × 0,41	(d × 0,245) + 824	d × 0,286
4 CV	d × 0,493	(d × 0,277) + 1 082	d × 0,332
5 CV	d × 0,543	(d × 0,305) + 1 188	d × 0,364
6 CV	d × 0,568	(d × 0,320) + 1 244	d × 0,382
7 CV et plus	d × 0,595	(d × 0,337) + 1 288	d × 0,401

B Les autres frais de déplacement

- Les péages et le stationnement peuvent également être pris en compte dans les frais de déplacement s'ils sont appuyés par des **justificatifs**.
- Sur la **note de frais**, dans la partie relative aux indemnités kilométriques, on trouve généralement le motif du déplacement, le lieu de la mission, le kilométrage effectué et la puissance fiscale du véhicule utilisé (justifiée avec la carte grise).

2 Les dépenses de restauration

■ Pour permettre de maîtriser les coûts afférents aux déplacements et en particulier aux dépenses de restauration, les salariés doivent respecter les consignes mises en place par l'entreprise.

■ Les **frais forfaitaires** consistent à effectuer un remboursement en se basant sur un barème forfaitaire. Les sommes versées par les entreprises aux salariés pour se restaurer ne doivent pas dépasser un plafond fixé chaque année par l'Urssaf (Union de recouvrement de la Sécurité sociale et des allocations familiales).

■ Les **frais de repas** s'appliquent aux salariés quels que soient leur contrat de travail, leur statut et leur convention collective.

3 Les dépenses d'hébergement

■ Les **frais d'hébergement** englobent les frais effectivement engagés (hôtel, gîte, chambre d'hôte). Les frais annexes à l'hébergement (garage, mini-bar ...) ne sont pas considérés comme des frais d'hébergement.

■ Selon l'Urssaf, les dépenses d'hébergement liées à un déplacement sont remboursables par l'entreprise si l'une des deux conditions suivantes est remplie :
- le salarié ne peut pas regagner son domicile à cause de l'éloignement (50 km minimum) ;
- lorsque son domicile est faiblement desservi par les transports en commun (1 h 30 de trajet au moins).

■ Les frais sont remboursables sur présentation de justificatifs.

■ Les frais d'hébergement peuvent également être calculés forfaitairement par l'employeur sur la base d'un montant alloué par nuit lorsque le salarié a passé la nuit à l'extérieur lors d'un déplacement professionnel.

4 Les autres frais

Tous les autres frais engagés dans l'intérêt de l'entreprise, susceptibles d'être remboursés et appuyés par un justificatif, peuvent être intégrés dans la note de frais (téléphone, télécopies...).

11 Les outils et les services utilisés en gestion des déplacements

Des outils et des services en ligne peuvent être d'une grande utilité en entreprise pour la gestion des déplacements professionnels.

1 Le calcul d'un itinéraire

■ Le calculateur d'itinéraire a pour fonction, une fois que l'on a validé le lieu de départ et le lieu d'arrivée, de calculer automatiquement l'**itinéraire le plus court**. Le parcours apparaît sur une carte qui permet de visualiser les informations suivantes :
- la distance totale du parcours en kilomètres ;
- le temps total du trajet en voiture ;
- les indications de direction pour atteindre le lieu d'arrivée à partir du lieu de départ.

■ Il est possible d'ajouter des étapes à un itinéraire calculé, de déterminer le moyen de transport à prendre en compte (voiture, transports en commun, vélo, à pied), de définir des préférences (éviter les péages, sélectionner un type de véhicules ou le carburant utilisé). Les instructions de navigation peuvent être imprimées et partagées (par mail, par lien hypertexte).

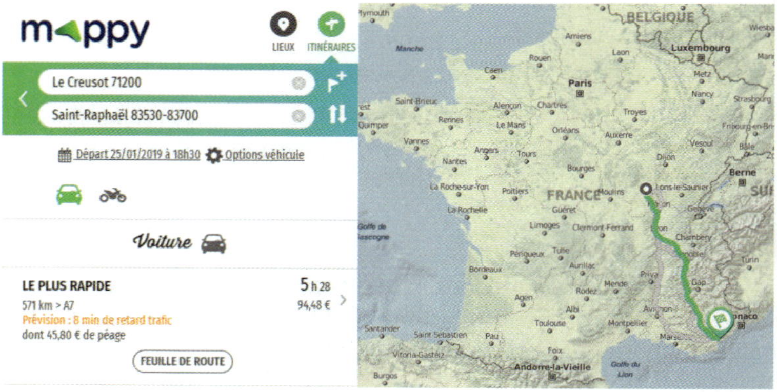

2 Les outils d'aide aux déplacements professionnels

De nombreuses applications sont de véritables alliés pour la préparation de déplacements en France ou à l'étranger.

Ce site, classé dans la catégorie des comparateurs de prix, permet de **confronter des produits** (billets d'avion, hôtels, locations de voiture) sur un ensemble de sites d'agences de voyage en ligne et de trouver le prix le plus bas. Il ne vend rien mais redirige l'utilisateur vers le site marchand dont il a sélectionné l'offre.

Pour un voyage à l'étranger, **Conseil Voyageurs** est l'application du ministère des Affaires étrangères. Elle informe le voyageur sur les éventuels risques à se rendre dans tel ou tel pays. Des fiches sur chaque pays sont disponibles pour partir en toute sécurité.

L'application des Aéroports de Paris offre un **service d'informations en temps réel** sur les 2 aéroports parisiens : horaires et compagnies (horaires des vols à l'arrivée ou au départ, changements de statuts des vols) ; réservation des offres parking et paiement depuis l'application ; création et gestion de son compte client…

L'application **Packing List** permet de ne rien oublier avant de partir en déplacement. Le logiciel recense plusieurs catégories avec des listes préétablies d'objets à prévoir. Les listes sont personnalisables.

Pour les déplacements à l'étranger, il est important d'avoir un **traducteur automatique** qui permet de se faire comprendre aux quatre coins de la planète.

La principale fonction du logiciel « Todoist » est l'**organisation des tâches** à accomplir. Il permet de noter des événements importants afin d'éviter les oublis. Il gère les événements selon les catégories et leur ordre de priorité. Il permet de choisir la date et l'heure auxquelles on souhaite être informé d'un événement…

12 Les outils et documents de communication interne

La communication interne a pour objectif de favoriser l'échange d'information et l'adhésion du personnel aux valeurs de l'entreprise. Les outils comme l'intranet, le chat ou encore le réseau social d'entreprise aident les organisations à mieux communiquer en interne.

1 Les outils de communication interne

La communication interne est l'affaire de chaque personne qui a un message à transmettre.

A L'intranet

Un intranet est un **réseau informatique** et un puissant moyen de communication utilisé à l'intérieur d'une organisation, verticalement et horizontalement. Il sert à informer les collaborateurs de manière réactive, sans devoir attendre la publication d'un support papier. Il est idéal pour transmettre les messages officiels émanant de la direction.

B Le chat

Il offre la possibilité à deux ou plusieurs personnes de discuter en ligne, en temps réel. C'est une façon pratique et rapide d'échanger avec ses collègues en évitant d'engorger sa boîte mail. Contrairement au logiciel de messagerie, le chat permet à l'interlocuteur de **prendre instantanément connaissance** du contenu du message. Certains outils proposent même aux entreprises des fonctionnalités avancées telles que la vidéo conférence ou le partage d'écran. Cet outil est très utile pour faciliter la communication au sein des équipes et permet donc de conduire un **dialogue interactif**.

C Le réseau social d'entreprise

Le réseau social d'entreprise, complémentaire de l'intranet, est moins intrusif que le chat et permet à un grand nombre d'utilisateurs de voir un message. Chacun peut alors partager une information intéressante pour ses collègues, poser une question pour profiter de l'expertise des autres ou encore lancer un sondage. Ce type d'outil est très utile pour favoriser l'**engagement** et la **cohésion**, deux facteurs clés pour le bien-être et la productivité des employés.

2 Les supports de la communication interne

Chaque support ou document de communication interne répond à des objectifs bien précis.

A Les supports imprimés

Le livret d'accueil	Fascicule destiné aux nouveaux arrivants dans lequel on trouve généralement une présentation de l'entreprise, les horaires, le règlement intérieur, les avantages sociaux…
La charte Internet	Document qui définit les règles relatives aux usages liés à Internet au sein de l'entreprise : navigation, courrier électronique, intranet…
La note de service, la note d'information	Écrites, internes à l'entreprise, relativement courtes, elles permettent de transmettre des directives, des instructions ou des informations, à une ou plusieurs personnes.
Le compte rendu	Rédigé à partir de notes, il décrit les propos échangés au cours d'un entretien, d'une réunion… Dans un compte rendu, les points importants et les décisions prises sont mis en évidence.

B Les autres supports

Le blog d'entreprise	Site Internet organisé comme un journal dont le contenu vise à augmenter la visibilité de l'organisation, à attirer de nouveaux clients et à fidéliser une audience.
Le site Web	Ensemble de pages web visualisables, sous une adresse dans un navigateur, reliées entre elles par des liens qui permettent de passer de l'une à l'autre.
Le Wiki	Site web dynamique où tout visiteur peut modifier les pages à condition que des droits d'accès lui soient ouverts.
La liste de diffusion	Utilisation spécifique du courrier électronique qui permet le publipostage d'informations vers les utilisateurs inscrits à la liste.

13 Les modes de communication et de transmission de l'information

L'organisation doit utiliser des outils et des canaux de communication adaptés pour assurer l'information et la cohésion du personnel, faire connaître ses produits et véhiculer une bonne image de l'entreprise auprès de ses clients et partenaires.

1 Les moyens de communication

A La communication inerte

Il s'agit des moyens traditionnels de communication interne : journal d'entreprise, livret d'accueil, mail d'information annonçant l'arrivée d'un nouveau salarié, tableaux d'affichage, boîtes à idées, cahier de consignes…

B La communication interactive

Elle réunit toute les formes et vecteurs de communication susceptibles de permettre une **interaction au sein de l'entreprise** (instances représentatives du personnel, réunions, messagerie, pause-café…) et de véhiculer l'identité, l'actualité ou le dynamisme d'une marque auprès de ses clients et partenaires (site Internet, newsletter, blog, réseaux sociaux, forums…).

2 Les canaux de communication

En matière de support, il importe de distinguer la communication « média » et la communication « hors média ».

- La **communication média** regroupe l'ensemble des actions de communication publicitaires diffusées sur les grands médias publicitaires (télévision, presse, affichage, Internet, radio, cinéma).
- La **communication hors média** désigne l'ensemble des actions de communication qui ne passent pas par les médias traditionnels.

A La communication média

Le coût de la communication « média » demeure élevé. Les PME utilisent rarement ce type de communication.

Presse	La presse nationale, régionale ou spécialisée permet de cibler et d'atteindre de façon précise un large champ de consommateurs. Néanmoins, le tarif reste élevé pour des PME et pour être efficace, il faut répéter l'opération.
Radio	La radio permet de toucher de nombreuses personnes au même moment, dans des lieux différents mais aussi de cibler l'audience des stations de radio et des heures de diffusion. Cependant, le coût de location d'un espace est fort onéreux.
Affichage	L'affichage délivre un message à un grand nombre de consommateurs potentiels de manière locale ou nationale. Les supports sont variés (bus, métro, arrêts de bus…) mais l'affichage est soumis à de nombreuses réglementations et ce type de communication coûte cher.
Cinéma	Le cinéma a un impact très fort, la clientèle est attentive et intellectuellement réceptive dans un périmètre géographique qui permet de viser loin mais ce média est le plus cher.
Télévision	La télévision est actuellement plus accessible aux PME. Ces dernières années, le paysage audiovisuel français a nettement changé avec l'arrivée de chaînes supplémentaires *via* la TNT ainsi que la concurrence d'Internet.

Investissements publicitaires nets 2018, en millions d'euros

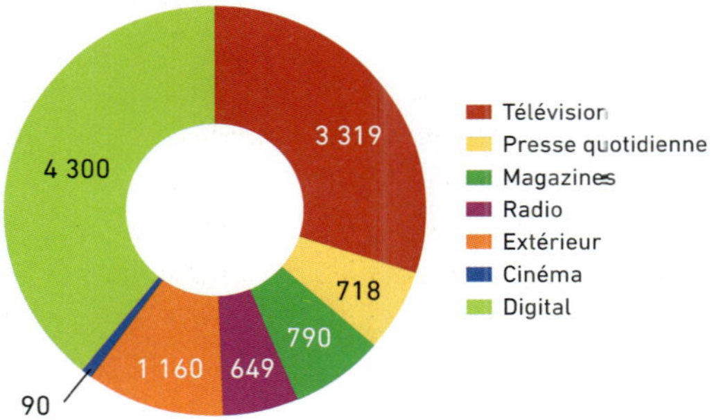

Source : www.offremedia.com

B La communication hors média

La communication « hors média » est la plus utilisée par les PME car son coût est moins élevé. Elle permet de cibler plus précisément les clients au moyen d'outils adaptés.

Promotion	Elle donne une image dynamique de l'entreprise avec un retour rapide sur investissement.
Marketing direct	Les actions de communication directe permettent de n'atteindre que la personne ciblée et intéressée, ce qui optimise les retombées commerciales. Le marketing direct constitue un moyen efficace de se créer un fichier de personnes motivées par les produits et services proposés par l'entreprise.
Relations publiques	Elles consistent en l'organisation de visites d'usine, de chantier, de tables rondes, de colloques, de journées portes ouvertes…
Parrainage	Le parrainage d'un tiers est la manière dont tout annonceur associe sa marque et son image à celle d'un partenaire (club sportif, association, individu…) et ce dans un but marketing.
Internet et réseaux sociaux	La communication *via* les réseaux sociaux bénéficie d'audiences très importantes permettant de toucher un très grand nombre de personnes. Les réseaux sociaux offrent aux entreprises un espace gratuit pour établir des conversations avec les internautes intéressés par la marque ou le secteur.

SE TESTER QUIZ **Cochez la ou les réponse(s) exacte(s).**

1. Le dossier du personnel :
- ☐ est un outil de gestion des ressources humaines.
- ☐ permet le suivi administratif de chaque salarié.
- ☐ est mis à jour régulièrement.

2. Dans un classement horizontal ou à plat, les dossiers sont :
- ☐ rangés les uns à côté des autres.
- ☐ empilés les uns au-dessus des autres, le dos face à l'utilisateur.
- ☐ rangés dans des hamacs.

3. Dans un classement alphabétique, les dossiers sont classés :
- ☐ suivant leur ordre d'arrivée.
- ☐ suivant les lettres de l'alphabet.
- ☐ à partir du terme directeur qui sert d'indicatif de classement.

4. Le classement numérique :
- ☐ classe les dossiers selon la suite logique des nombres.
- ☐ combine les classements idéologique et décimal.
- ☐ est extensible à l'infini.

5. L'archivage électronique :
- ☐ consiste à conserver des données sous forme électronique.
- ☐ a la même valeur que l'archivage papier.
- ☐ permet un accès rapide et confidentiel aux données.

6. La gestion électronique des données :
- ☐ suit le cycle d'un document, de sa création à son archivage.
- ☐ correspond au classement manuel des documents.
- ☐ comprend plusieurs étapes : acquisition, indexation, classement, stockage et diffusion des documents.

7. Le temps de travail effectif correspond :
- ☐ au temps passé dans l'entreprise.
- ☐ à la durée légale du travail.
- ☐ au temps pendant lequel le salarié est à la disposition de l'employeur sans pouvoir vaquer à ses occupations.

8. L'agenda partagé :
- ☐ est utilisé par un seul salarié.
- ☐ se présente sous la forme d'un calendrier électronique.
- ☐ permet d'afficher les rendez-vous de plusieurs collaborateurs.

9. La procédure de gestion des déplacements professionnels :
- ☐ consiste à organiser, planifier et suivre les déplacements des salariés.
- ☐ est de la responsabilité du salarié.
- ☐ donne lieu à la création de documents (feuille de route, note de frais…).

10. La transmission de l'information au personnel :
- ☐ s'effectue principalement de manière orale.
- ☐ peut s'effectuer oralement, sous la forme papier, audiovisuelle ou électronique.
- ☐ privilégie de plus en plus la forme électronique et les réseaux internes.

TROUVEZ LA BONNE RÉPONSE

Indiquez le mode de rangement le plus adapté pour ces documents.

Doubles des courriers classés dans de gros classeurs à anneaux	
Dossiers des fournisseurs rangés dans le tiroir du bureau (hamacs)	
Documentation sur les mobiliers de bureau classée dans des dossiers à sangles	
Dossiers clients rangés dans une armoire et placés dans des hamacs	
Ensemble des codes juridiques rangés dans un meuble bibliothèque	

CROISEZ-RELIEZ

Reliez chaque exemple au mode de classement approprié.

Les dossiers clients sont classés selon la première lettre du terme directeur. •	• Classement décimal
Pour conserver la confidentialité, un numéro d'ordre est attribué pour classer les dossiers du personnel. •	• Classement chronologique
Les documents de comptabilité sont classés selon le même principe que le plan comptable. •	• Classement alphabétique
Les fiches « produits » sont classées par numéro d'arrivée à l'intérieur de chaque classe alphabétique. •	• Classement idéologique
Les dossiers fournisseurs sont classés selon la région, le département, puis la ville. •	• Classement alphanumérique
Les procès-verbaux de réunions sont classés d'après leur date de création. •	• Classement numérique
Les documentations sur les meubles et les équipements sont classées par thèmes. •	• Classement géographique

MOTS CROISÉS

Complétez la grille à l'aide des définitions.

A Elle peut être informatique, graphique, de laïcité.

B Procédé de classement garantissant la sécurité juridique, fiscale et financière des données.

C Ensemble des techniques destinées à donner une image dynamique de l'entreprise.

D Ce classement combine le classement idéologique et alphabétique.

E Ensemble de mots qui désignent une entreprise.

F Il permet de mettre en évidence le chemin critique des tâches.

G Processus visant à gérer et organiser les documents de manière informatisée.

H Mobilier, il peut être à tiroirs ou rotatif.

I Outil de gestion du temps, il peut être partagé.

J Réseau informatique et moyen de communication utilisé à l'intérieur d'une organisation.

1 Action d'aller d'un lieu à un autre. Dans une entreprise, ils sont souvent professionnels.

2 Lieu où les fichiers contenant des données personnelles doivent être déclarés.

3 Dans ce classement, les documents sont classés d'après leur date de création.

4 Ce diagramme modélise le planning et l'avancement des opérations relatives à un projet.

5 Dépenses engagées par le salarié pour les besoins de son activité professionnelle.

6 Offre la possibilité à deux ou plusieurs personnes de discuter en ligne, en temps réel.

7 Consiste à retenir une liste de mots clés significatifs et à les classer alphabétiquement.

8 Ce classement est adapté pour classer les raisons sociales des sociétés.

9 Ils sont conservés sous forme papier mais également sous forme électronique.

10 Écrite, interne à l'entreprise, elle permet de transmettre des directives, des instructions ou des informations.

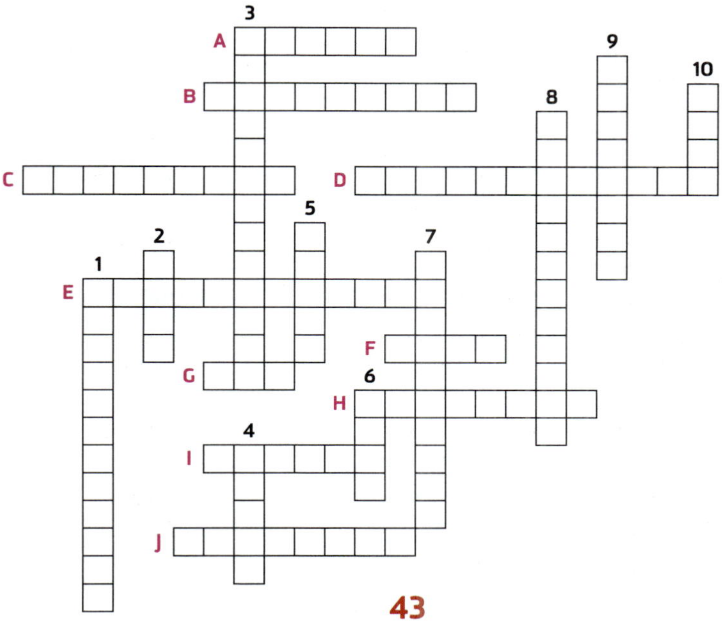

OBJECTIF BAC

Vous travaillez en qualité d'assistant(e) de direction auprès de Bernard Dulong, directeur des Ressources humaines de la société TransCentre, spécialisée dans le transport de marchandises.
M. Dulong vous demande de traiter plusieurs dossiers.

DOSSIER 1

Vous êtes chargé(e) de procéder au classement des dossiers nouvellement créés.
Vous avez à votre disposition la liste des nouveaux clients du mois en cours (doc. 1).

Doc. 1 Liste des nouveaux clients

Hôtel « Le Beau Rivage »
Établissements Desgranges & Fils
Textiles du Centre
Café des Pêcheurs
La Provençale de construction
Succursale Jacques Rebon
Cabinet World Insurance
Office national du tourisme
Les meubles Saint-Veran
Aux mille parfums

Travail à effectuer

Procédez au classement alphabétique des clients selon le terme directeur, après indexage des rubriques.

DOSSIER 2

Vous devez traiter les requêtes de M. Albertini et de Mme Jussieu qui contestent le décompte de leurs heures de travail du mois d'avril.
Vous avez à votre disposition :
- une note interne relative au décompte des heures (doc. 2) ;
- les demandes de M. Albertini (doc. 3) et de Mme Jussieu (doc. 4).

Doc. 2 **Note du DRH**

Décompte du temps de travail effectif

Le décompte des heures s'effectue par semaine civile du lundi 0 h au dimanche 24 h.
Les heures supplémentaires donnent droit à une majoration de salaire :
- majoration de 25 % pour les 8 premières heures ;
- majoration de 50 % pour les heures suivantes.

Les heures du dimanche effectuées par les chauffeurs ouvrent droit à une majoration supplémentaire de 100 %.
La vérification du décompte des heures s'effectue dans un tableau récapitulatif selon le modèle ci-joint.
En cas d'erreur, un courriel est envoyé au salarié et un double adressé au service comptabilité pour rectification sur la paie du mois N+2.

Bernard Dulong, DRH

Tableau de décompte des heures de travail

Nom du salarié :		Poste :		Mois :	
Semaine	**Heures effectives**	**Heures normales**	**Heures à + 25 %**	**Heures à + 50 %**	**Heures à + 100 %**
Semaine 1					
Semaine 2					
Semaine 3					
Semaine 4					
Semaine 5					
Total					
Remarques					

Doc. 3 **Requête de M. Albertini**

Je ne suis pas d'accord avec le décompte des heures du mois d'avril.
J'ai effectué : 46 heures en semaine 1, 42 heures en semaine 2, 44 heures en semaine 3 et 43 heures en semaine 4.
J'ai travaillé deux dimanches non pris en compte : 6 heures le 10/04 (semaine 2) et 4 heures le 30/04 (semaine 4).
C'est la troisième fois depuis le début de l'année que je relève des erreurs dans mon décompte d'heures !
Salutations.

Jacques Albertini

Doc. 4 **Requête de Mme Jussieu**

Bonjour,
Après vérification, il s'avère que ma fiche de paie du mois d'avril comporte deux erreurs.
En effet, la deuxième semaine j'ai effectué 3 heures supplémentaires pour remplacer Mme Jobert, en congé formation.
De plus, j'ai travaillé 6 heures non comptabilisées le samedi de la journée « portes ouvertes » (semaine 4).
Merci de bien vouloir vérifier et faire le nécessaire.
Cordialement.

Lise Jussieu

Travail à effectuer

1. Vérifiez les décomptes des heures en complétant les tableaux récapitulatifs selon le modèle annexé à la note.
2. Préparez les courriels qui seront adressés aux deux salariés. Merci de rappeler à M. Albertini que les décomptes d'heures des chauffeurs doivent être déposés chaque semaine, au plus tard le lundi suivant.

SE TESTER

1. Le dossier du personnel :

☑ est un outil de gestion des ressources humaines.

☑ permet le suivi administratif de chaque salarié.

☑ est mis à jour régulièrement.

2. Dans un classement horizontal ou à plat, les dossiers sont :

☑ empilés les uns au-dessus des autres, le dos face à l'utilisateur.

3. Dans un classement alphabétique, les dossiers sont classés :

☑ suivant les lettres de l'alphabet.

☑ à partir du terme directeur qui sert d'indicatif de classement.

4. Le classement numérique :

☑ classe les dossiers selon la suite logique des nombres.

☑ est extensible à l'infini.

5. L'archivage électronique :

☑ consiste à conserver des données sous forme électronique.

☑ a la même valeur que l'archivage papier.

☑ permet un accès rapide et confidentiel aux données.

6. La gestion électronique des données :

☑ suit le cycle d'un document, de sa création à son archivage.

☑ comprend plusieurs étapes : acquisition, indexation, classement, stockage et diffusion des documents.

7. Le temps de travail effectif correspond :

☑ au temps pendant lequel le salarié est à la disposition de l'employeur sans pouvoir vaquer à ses occupations.

8. L'agenda partagé :

☑ se présente sous la forme d'un calendrier électronique.

☑ permet d'afficher les rendez-vous de plusieurs collaborateurs.

9. La procédure de gestion des déplacements professionnels :

☑ consiste à organiser, planifier et suivre les déplacements des salariés.

☑ donne lieu à la création de documents (feuille de route, note de frais...).

10. La transmission de l'information au personnel :

☑ peut s'effectuer oralement, sous la forme papier, audiovisuelle ou électronique.

☑ privilégie de plus en plus la forme électronique et les réseaux internes.

TROUVEZ LA BONNE RÉPONSE

Doubles des courriers classés dans de gros classeurs à anneaux.	Classement sur champ ou debout
Dossiers des fournisseurs rangés dans le tiroir du bureau (hamacs).	Classement suspendu à visibilité supérieure
Documentation sur les mobiliers de bureau classée dans des dossiers à sangles.	Classement horizontal à plat
Dossiers clients rangés dans une armoire et placés dans des hamacs.	Classement suspendu à visibilité latérale
Ensemble des codes juridiques rangés dans un meuble bibliothèque.	Classement sur champ ou debout

CROISEZ-RELIEZ

- Les dossiers clients sont classés selon la première lettre du terme directeur.
- Pour conserver la confidentialité, un numéro d'ordre est attribué pour classer les dossiers du personnel.
- Les documents de comptabilité sont classés selon le même principe que le plan comptable.
- Les fiches « produits » sont classées par numéro d'arrivée à l'intérieur de chaque classe alphabétique.
- Les dossiers fournisseurs sont classés selon la région, le département, puis la ville.
- Les procès-verbaux de réunions sont classés d'après leur date de création.
- Les documentations sur les meubles et les équipements sont classées par thèmes.

- Classement décimal
- Classement chronologique
- Classement alphabétique
- Classement idéologique
- Classement alphanumérique
- Classement numérique
- Classement géographique

MOTS CROISÉS

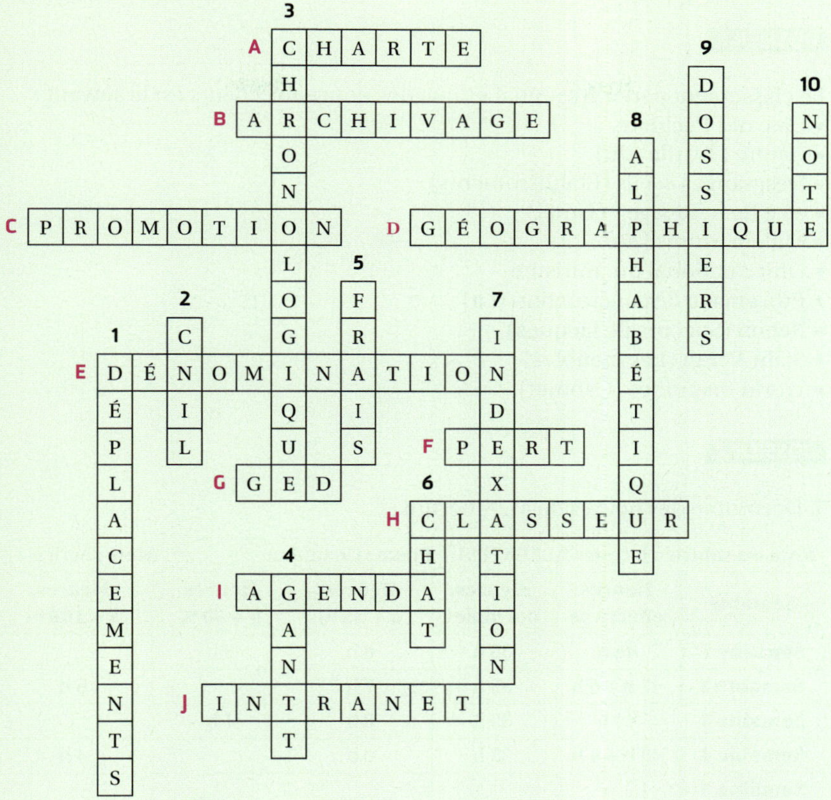

OBJECTIF BAC

DOSSIER 1

Le classement par ordre alphabétique des nouveaux clients est le suivant :
- Café des Pêcheurs
- Centre (Textiles du)
- Desgranges & Fils (Établissements)
- « Le Beau Rivage » (Hôtel)
- Mille parfums (Aux)
- Office national du tourisme
- Provençale de construction (La)
- Rebon (Succursale Jacques)
- Saint-Veran (Les meubles)
- World Insurance (Cabinet)

DOSSIER 2

1. Décompte des heures de M. Albertini :

Nom du salarié : Jacques ALBERTINI			**Poste :** Chauffeur		**Mois :** Avril N
Semaine	**Heures effectives**	**Heures normales**	**Heures à + 25 %**	**Heures à + 50 %**	**Heures à + 100 %**
Semaine 1	46 h	35 h	8 h	3 h	
Semaine 2	42 h + 6 h	35 h	7 h		6 h
Semaine 3	44 h	35 h	8 h	1 h	
Semaine 4	43 h + 4 h	35 h	8 h		4 h
Semaine 5					
Total	185 h	140 h	31 h	4 h	10 h
Remarques	2 dimanches : – 6 h en semaine 2 – 4 h en semaine 4.				

Décompte des heures de Mme Jussieu :

Nom du salarié : Lise JUSSIEU			**Poste :** Secrétaire		**Mois :** Avril N
Semaine	**Heures effectives**	**Heures normales**	**Heures à + 25 %**	**Heures à + 50 %**	**Heures à + 100 %**
Semaine 1	35 h	35 h			
Semaine 2	35 h + 3 h	35 h	3 h		
Semaine 3	35 h	35 h			
Semaine 4	35 h + 6 h	35 h	6 h		
Semaine 5					
Total	149 h	140 h	9 h		
Remarques	3 HS en semaine 2. 6 HS : journée « portes ouvertes » samedi en semaine 4.				

2. Courriel adressé à Monsieur Albertini :

Monsieur,

Après vérification, il s'avère effectivement que les 6 heures du dimanche 10 avril et les 4 heures du dimanche 30 avril n'ont pas été prises en compte, ce dont vous voudrez bien nous excuser.

Ces 10 heures, travaillées le dimanche et donc majorées de 100 %, seront reportées sur la paie du mois de juin.

Vous trouverez ci-joint le tableau de décompte de vos heures effectives en avril.

Nous vous rappelons que les décomptes d'heures des chauffeurs doivent être déposés chaque semaine, au plus tard le lundi suivant.

Soyez assuré qu'à l'avenir nous ferons le maximum pour éviter toute erreur dans vos décomptes d'heures.

Cordiales salutations

Courriel adressé à Madame Jussieu :

Madame,

Après vérification, il s'avère effectivement que nous avons par erreur omis de comptabiliser les heures suivantes :

– 3 heures la deuxième semaine d'avril (remplacement de Mme Jobert),

– 6 heures effectuées lors de la journée « portes ouvertes » (semaine 4),

soit un total de 9 heures supplémentaires majorées de 25 % (tableau de décompte ci-joint).

Ces heures seront reportées sur votre paie du mois de juin.

Vous voudrez bien nous excuser pour ces erreurs.

Cordiales salutations

PARTIE 2

Gestion administrative des ressources humaines

FICHES

Participation au recrutement du personnel

Participation à la mise en œuvre d'un programme d'accueil

Suivi administratif des carrières

Préparation et suivi de la formation du personnel

14 Le processus de recrutement

Le processus de recrutement s'inscrit dans une démarche globale de valorisation des ressources humaines.

1 Les étapes d'un recrutement

Le processus de recrutement recouvre l'ensemble des étapes qui conduisent à l'intégration d'un salarié dans l'organisation.

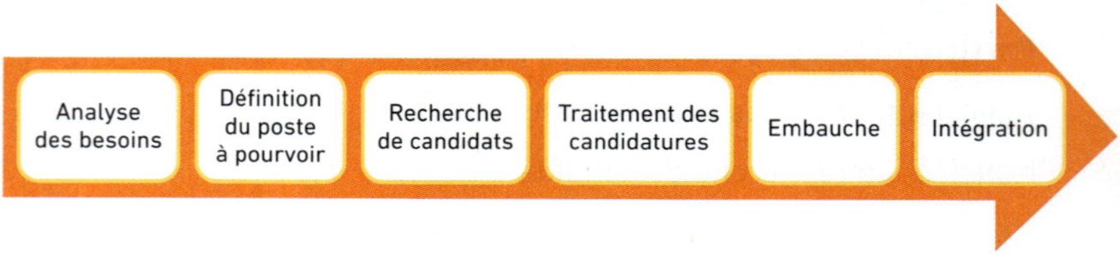

2 L'analyse du besoin

A Le poste à pourvoir

■ Le besoin en recrutement peut résulter de 2 causes principales :
- la **vacance d'un poste** suite à un départ en retraite, une démission, un licenciement ou au remplacement d'un salarié ;
- la **création d'un poste** en réponse à un besoin de nouvelle compétence ou à la croissance des effectifs.

■ Le besoin peut être **structurel** (emploi en CDI) ou **ponctuel** (recours à un contrat en CDD ou en intérim). En fonction du volume de l'activité, le recrutement peut s'effectuer à temps plein ou à temps partiel.

B Le profil recherché

■ La **fiche de poste** est le descriptif de la fonction exercée par un salarié, dans une structure donnée, en prenant en compte l'environnement de travail. Outil de communication, elle permet de présenter le poste en interne et en externe, notamment dans le cadre d'un recrutement ou de la gestion prévisionnelle de l'emploi et des compétences (GPEC).

■ La fiche de poste précise les caractéristiques de l'emploi et de son environnement professionnel :
- intitulé du poste ;
- position dans l'organigramme ;
- environnement et conditions de travail (lieu, rythme de travail, organisation…) ;
- accès au poste et conditions d'engagement (type de contrat, salaire…) ;
- description des missions et des activités ;
- relations avec les autres postes.

■ Le **profil de poste**, établi à partir de la fiche de poste, permet de définir un profil très complet, comportant les critères de sélection des candidats : compétences et aptitudes attendues, activités exercées, responsabilités, contexte de travail. C'est un outil qui sert au recruteur à vérifier l'adéquation entre les exigences du poste et le potentiel du candidat.

Exemple de fiche de poste

Intitulé du poste	Assistant(e) administratif(ive) et technique
Missions	Assurer la gestion et le suivi administratif de dossiers techniques (projet, mission…)
Activités	Saisir et traiter les demandes d'autorisations de travaux auprès des mairies
Contexte	Placé(e) sous la responsabilité hiérarchique et fonctionnelle du directeur des technologies
Expérience requise	Niveau DUT Technicien, ingénierie obligatoire
Compétences requises	Maîtrise des logiciels bureautiques et d'Autocad
Conditions matérielles et contraintes spécifiques	◗ Moyens matériels mis à disposition : un ordinateur fixe ◗ Emploi à temps complet

15 La recherche de candidats

Pour attirer des candidats qualifiés et motivés en vue d'un recrutement, l'organisation doit utiliser des outils et des canaux de communication adaptés.

1 Le choix d'un mode de recrutement

A Le recrutement interne

Il vise à promouvoir des personnes déjà en poste dans l'organisation. Le recrutement est rapide et peu onéreux, le salarié étant déjà intégré.

B Le recrutement externe

Il consiste à recruter des personnes qui ne font pas partie du personnel, ce qui permet un apport de compétences nouvelles. Ce mode de recrutement est plus long et plus coûteux qu'un recrutement interne.

2 L'offre d'emploi

A La rédaction de l'annonce

Attention

La rédaction d'une offre d'emploi est une étape essentielle du recrutement.

- Pour attirer des candidats, l'annonce doit être précise, objective et valorisante. Elle ne doit comporter aucune mention à caractère discriminatoire (origine, sexe, âge, situation familiale, opinions, activités syndicales, mœurs, état de santé…).
- Pour rédiger l'annonce, le recruteur s'appuie sur la **fiche de poste** et le **profil de poste** établi. La forme de l'annonce doit être à la fois sobre et percutante.
- L'annonce doit comporter des **éléments indispensables** : une brève présentation de l'organisation, la description du poste (intitulé, missions, fonction, type de contrat…), les compétences et qualités requises, les documents exigés (CV, lettre de motivation), les modalités de dépôt de la candidature (délai, adresse, personne ou site à contacter…).

B La diffusion de l'annonce

Pour trouver les bons profils, l'organisation utilise différents outils et canaux qui varient selon le type de poste à pourvoir.

- Les **outils** les plus répandus sont les sites Internet d'offres d'emploi généralistes ou spécialisés selon le secteur d'activités (Job boards, CVthèques, Monster, Indeed, Keljob…) et les services publics de l'emploi (Pôle emploi, APEC).
- D'autres outils ou **canaux de recrutement** sont également utilisés : les candidatures spontanées, les réseaux sociaux professionnels (Viadeo, LinkedIn…), la cooptation (recommandation d'une personne appartenant à son réseau de connaissances), les sites d'entreprises, les cabinets de recrutement, la presse, les applications mobiles de sites d'emploi (Monster, Keljob, RégionsJob…).

Exemple d'offre d'emploi

PME du secteur du sport recherche dans le cadre de son développement :

Assistant(e) H/F en CDI

Poste basé à Paris à pourvoir immédiatement
Rattaché(e) au DRH, vous avez un rôle de support et de coordination

Missions

Gestion d'agendas, organisation des déplacements
Rédaction de courriers et de comptes rendus
Filtrage téléphonique
Organisation d'événements internes et externes

Profil

4 ans d'expérience minimum
Niveau d'anglais courant (à l'écrit comme à l'oral)
Maîtrise des outils bureautiques
Excellente présentation
Organisation, méthode, rigueur, discrétion
Sens des priorités et de l'analyse
Adresser candidature (cv + lettre de motivation) par mail à drh@sportazur.fr

16 La sélection des candidats

Selon les organisations, les candidatures peuvent être traitées manuellement ou faire l'objet d'un traitement informatisé.

1 Le traitement des candidatures

A Le tri des candidatures

- Un **premier tri des candidatures** est réalisé dès la lecture des CV, à l'aide d'une grille regroupant les principaux critères exigés.
- Le recruteur procède ensuite à un **examen approfondi des candidatures** qui correspondent le plus au poste à pourvoir (étude de la lettre de motivation, vérification éventuelle des références, des diplômes…).
- Le **traitement des candidatures** est parfois confié à des sites spécialisés qui les centralisent *via* email ou formulaires web et réalisent une présélection rapide et homogène.

B Les tests de recrutement

Les tests de recrutement peuvent constituer un **outil d'aide à la décision**. Ils ont pour objectif de mesurer l'adéquation du profil du candidat avec le poste à pourvoir grâce à des tests de personnalité, de raisonnement, d'aptitude, de mise en situation…

C L'entretien d'embauche

- L'**entretien** peut être unique ou multiple, individuel ou/et collectif. Il doit s'effectuer dans le respect des dispositions réglementaires (questions relatives à la vie privée interdites).
- Il peut être conduit par une ou plusieurs personnes (responsable des ressources humaines, futur supérieur hiérarchique), à l'aide de grilles d'observation des candidats selon des critères prédéfinis (formation, compétences, expériences, qualités…). Un document « Profil de poste » peut être renseigné.

À savoir

Les candidatures intéressantes mais non retenues sont conservées pour constituer un vivier de recrutement.

Exemple d'un document « profil de poste »

Critères de sélection	Niveaux d'aptitude				
	1	2	3	4	5
Connaissances					
Formation générale					●
Diplômes			●		
Langues					●
Logiciels					●
Expérience				●	
Aptitudes					
Organisation/Méthode					●
Autonomie					●
Initiative				●	
Relationnel					
Écoute					●
Autorité				●	
Esprit d'équipe					●

Le candidat doit se rapprocher le plus possible du niveau 5 et correspondre au mieux au profil de poste préétabli.

2 Le choix du candidat

A La décision finale

■ Le choix s'opère en accord entre la **direction des ressources humaines** et le **responsable opérationnel** sur la base du profil défini et d'un tableau de comparaison des candidats.

■ Les candidats sont avisés de la suite donnée à leur candidature par téléphone, courrier type ou message électronique.

B L'embauche

■ Un **contrat de travail** est établi, assorti généralement d'une période d'essai dont la durée varie selon la nature du poste.

■ L'employeur adresse à l'Urssaf une déclaration préalable à l'embauche (DPAE) dans les 8 jours. Il organise la visite médicale d'embauche, puis inscrit le salarié au registre du personnel.

17 L'intégration des nouveaux salariés

Le processus d'intégration s'inscrit dans la continuité du recrutement. Il vise à faciliter l'adaptation du nouveau salarié au poste de travail et son intégration au sein des équipes.

1 Les objectifs

La **démarche d'intégration** relève de la politique de gestion des ressources humaines de l'organisation. Elle vise plusieurs objectifs :
- faciliter l'intégration sociale et professionnelle du salarié dans son nouvel environnement de travail ;
- rendre le nouveau collaborateur rapidement opérationnel ;
- vérifier sa bonne compréhension et son adhésion aux missions et responsabilités confiées ;
- développer un sentiment d'appartenance ;
- promouvoir l'image de l'organisation.

2 Le processus d'intégration

Le **processus d'intégration** se décline généralement en plusieurs étapes.

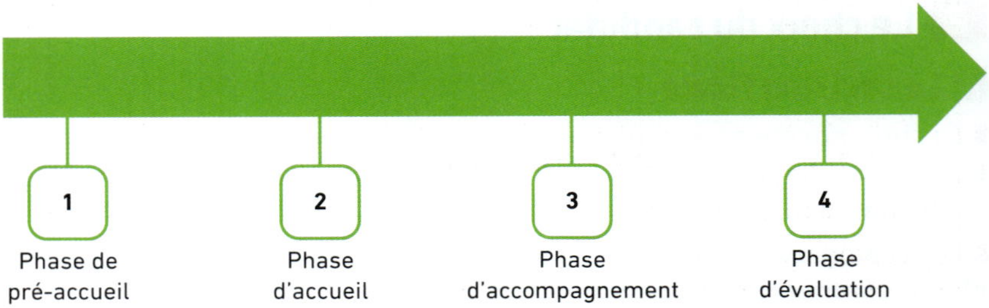

3 La phase de pré-accueil

■ Elle débute dès la confirmation de l'embauche. Elle consiste en une réflexion sur les conditions à réunir pour faciliter l'accueil et l'intégration du nouveau collaborateur.

- Le futur collaborateur est informé par courrier ou par message électronique de la date d'embauche, de l'heure à laquelle il est attendu, du service où il doit se présenter, du nom et de la qualité de l'accueillant.
- Un plan d'accès à la structure d'accueil peut lui être adressé ainsi que des informations sur les moyens d'accès à l'établissement (plan, transports, parking…).
- Pour faciliter la démarche d'intégration, il peut être utile d'élaborer une **check-list** qui récapitule les tâches à effectuer et les documents à préparer.

Exemple de check-list

Liste des tâches à réaliser avant l'arrivée du nouveau collaborateur	Réalisé
Préparer le contrat de travail	❑
Prévoir les formalités relatives à l'embauche, la sécurité	❑
Planifier la visite médicale	❑
Prévenir le personnel (note, intranet)	❑
Prévoir la logistique (bureau, téléphone, ordinateur, badge…)	❑
Créer une adresse de messagerie électronique	❑
Affecter une ligne téléphonique	❑
Préparer un pack de fournitures	❑
Désigner le référent du nouveau collaborateur	❑
Préparer les documents d'accueil	❑
Planifier le déroulement de la première journée	❑
…	❑

18 Les procédures d'accueil

L'accueil du salarié représente son premier contact avec le futur environnement de travail. Il doit se sentir attendu, pris en considération et encadré.

1 Les étapes de l'accueil

L'**accueil physique et matériel** du nouveau collaborateur doit être abordé comme une priorité destinée à faciliter son **intégration** au sein de la structure :
- présentation aux équipes en indiquant les nom et prénom et les fonctions de chacun des membres du personnel ;
- organisation de la visite des locaux et rencontre avec ses proches collaborateurs ;
- installation au poste de travail et mise à disposition de tous les outils nécessaires (poste téléphonique, ordinateur, connexions…) ;
- présentation des modalités administratives et organisationnelles (conditions et horaires de travail, repas, espace détente, rituels…) ;
- organisation de la prise de fonction ;
- rencontre avec le tuteur ou le référent chargé du suivi du salarié.

2 Le livret d'accueil

■ Le livret d'accueil a pour but de présenter l'organisation dans ses grandes lignes ainsi que ses principales valeurs et règles de fonctionnement. Sa présentation, manuelle et/ou numérique, doit être soignée et attractive.

> **À savoir**
> Le livret d'accueil est un outil de management non réglementaire.

■ Le livret d'accueil comporte des informations pertinentes et des rubriques régulièrement mises à jour :
- **message d'accueil** rédigé par le responsable de l'organisation pour souhaiter la bienvenue aux nouveaux arrivants ;
- **présentation de la structure** : identification, activités, organigramme, trombinoscope, valeurs sociales et environnementales ;
- **conditions de travail** : normes applicables (Code du travail, convention collective, règlement intérieur), règles de santé et de sécurité au travail ;

- **informations utiles** : procédures, démarche qualité, sites, avantages pour les salariés (cafétéria, chèques vacances…), chartes graphique et informatique.

Exemple de sommaire d'un livret d'accueil

19 La procédure d'intégration

La période d'intégration désigne le temps nécessaire au nouveau salarié pour qu'il devienne opérationnel et autonome sur son poste de travail. Pour qu'elle se déroule dans les meilleures conditions, le nouveau salarié peut bénéficier d'un accompagnement et d'un suivi régulier.

1 L'accompagnement

■ Le **tuteur** (ou référent) est un responsable hiérarchique reconnu pour sa compétence. Il est désigné pour accompagner le nouveau salarié en lui fixant des objectifs et en faisant régulièrement le point avec lui sur les résultats à atteindre.

■ Le **parrain** est un collègue qui appartient au même service. Il accompagne le salarié dans l'environnement de travail (personnes ressources, règles de vie collective, restauration, activités sociales…).

2 Le suivi pendant la période d'intégration

■ **Pour le salarié**, elle constitue la phase d'appropriation de ses nouvelles fonctions : acquisition des connaissances, des savoirs, des attitudes, en vue de l'adaptation au poste de travail et au nouvel environnement.

■ **Pour l'organisation**, c'est le temps de l'observation, des mises en situation, de l'évaluation des critères définis pour la tenue du poste.

■ Cette période de vigilance s'accompagne d'un ou plusieurs entretiens ou points d'étapes formalisés avec le collaborateur. Il appartient à l'organisation de favoriser la relation de confiance et son engagement vis-à-vis du nouveau salarié (disponibilité, écoute, dialogue, ouverture).

■ Le **livret de suivi d'intégration** du nouveau collaborateur (ou carnet de route) permet de :
- construire et suivre son premier parcours dans l'organisation ;
- dresser progressivement un inventaire de ses atouts et de ses compétences ;
- consigner des observations et les comptes rendus d'entretiens ;
- prévoir des actions de soutien ou des réajustements.

3 La clôture de l'intégration

■ Elle coïncide ou non avec la fin de la période d'essai. Un **bilan écrit** est établi avec le nouveau collaborateur. Il intègre les informations recueillies auprès des personnes chargées de l'accompagnement et peut comporter de nouveaux objectifs qui seront évalués lors de l'entretien annuel d'évaluation.

■ Cette étape marque la fin du parcours d'intégration et de la **période probatoire** (période d'essai). Le salarié est reconnu apte à tenir le poste pour lequel il a été recruté.

À savoir

La période d'essai permet de s'assurer que le salarié embauché convient au poste sur lequel il a été recruté. Sa durée varie en fonction du type de contrat et de la catégorie professionnelle du salarié. Elle peut être renouvelée, sous conditions, et rompue de manière anticipée par le salarié ou l'employeur.

Exemple de grille d'évaluation pour un entretien final

Nom du collaborateur :	Nom du manager :	Date de l'entretien :
Fonction/service :	Nom du tuteur :	Conduit par :
Date d'entrée en fonction :		

OBJECTIF DE LA PÉRIODE	NIVEAU D'ACQUISITION	OBSERVATIONS/AXE DE PROGRÈS
- - -	❑ DÉPASSÉ ❑ ATTEINT ❑ PARTIELLEMENT ATTEINT	
COMPÉTENCES CLÉS DU POSTE	**NIVEAU D'ACQUISITION**	**OBSERVATIONS/AXE DE PROGRÈS**
- - -	❑ DÉPASSÉ ❑ ATTEINT ❑ PARTIELLEMENT ATTEINT	
COMPÉTENCES INDIVIDUELLES	**NIVEAU D'ACQUISITION**	**OBSERVATIONS/AXE DE PROGRÈS**
- Relationnel - Autonomie - Adaptation	❑ DÉPASSÉ ❑ ATTEINT ❑ PARTIELLEMENT ATTEINT	

CONCLUSION DE L'ÉVALUATION :

COMMENTAIRES COLLABORATEUR :	COMMENTAIRES MANAGER :

DÉCISION FINALE :

D'après *Guide d'intégration dans l'entreprise* - APEC

20 Le bilan de compétences

Il permet au salarié de faire le point sur son activité professionnelle, d'analyser ses compétences, ses aptitudes et ses motivations. Ce bilan peut l'aider à définir un projet professionnel cohérent ou à valider un projet de formation.

1 Les bénéficiaires

- Les **salariés en CDI** justifiant d'une activité professionnelle d'au moins 5 ans, consécutifs ou non, dont 12 mois dans l'entreprise (2 ans d'ancienneté pour les salariés en CDD dont 4 mois dans l'entreprise au cours des 12 derniers mois). Ils ne doivent pas avoir bénéficié d'un congé bilan de compétences dans la même entreprise au cours des 5 dernières années.
- Les **demandeurs d'emploi** dans le cadre du bilan de compétences approfondi géré par Pôle emploi.

2 Les démarches préalables

- Le salarié doit formuler auprès de l'employeur, au moins 60 jours à l'avance, une **demande écrite d'autorisation d'absence** avec les dates du congé et les coordonnées de l'organisme choisi. L'employeur dispose d'un **délai de 30 jours pour répondre**. Il peut reporter le début du congé, dans la limite de 6 mois, pour des raisons d'organisation.

> **À savoir**
> Le bilan de compétences est éligible au compte personnel de formation.

- Le bilan de compétences peut être proposé au salarié par l'employeur ; dans ce cas, l'accord du salarié est obligatoire.
- Le salarié doit **choisir un organisme prestataire de bilans de compétences** et demander la prise en charge financière du congé à l'organisme paritaire collecteur agréé dont relève l'entreprise. En cas de refus de la prise en charge, le salarié peut effectuer un recours gracieux dans un délai de 2 mois.
- Une **convention** doit être établie entre le salarié, l'organisme prestataire de bilans et l'organisme financeur.

3 Le déroulement du bilan de compétences

■ La **durée du congé** ne peut dépasser 24 heures de temps de travail, consécutives ou non. Le salaire est maintenu si le congé est pris en charge par l'Opacif. S'il ne l'est pas, le congé peut être accordé mais l'employeur n'est pas tenu de rémunérer le salarié.

■ Le bilan de compétences se déroule en plusieurs phases :
- une **phase préliminaire** pour confirmer l'engagement du salarié dans sa démarche et les conditions de déroulement du bilan ;
- une **phase d'investigation** pour identifier les besoins du salarié et déterminer ses possibilités d'évolution professionnelle ;
- une **phase de conclusion** pour remettre au salarié les résultats détaillés dans un document confidentiel qui ne peut être communiqué à l'employeur qu'avec l'accord du salarié ;
- une **phase de suivi et d'accompagnement** pour faire le point sur la mise en œuvre du projet.

Modèle de demande de congé pour bilan de compétences

Objet : Demande de congé – Bilan de compétences

Monsieur le Directeur,

Employé(e) dans votre société depuis le ... et justifiant d'une ancienneté supérieure à 5 ans, je souhaite effectuer un bilan de compétences d'une durée totale de 24 heures comme le prévoit l'article L. 900-2 du Code du travail.

Vous trouverez à cet effet les coordonnées de l'organisme responsable du suivi de ce bilan de compétences : ....

Sous réserve de votre accord, je serai absent(e) les ....

Par avance, je vous remercie de l'attention que vous porterez à ma demande.

Je vous prie d'agréer, Monsieur le Directeur, l'expression de mes salutations distinguées.

Signature

21 Le suivi de carrière

La gestion des carrières permet à l'organisation de s'assurer qu'elle dispose des ressources humaines nécessaires et de prendre en compte le souhait d'évolution professionnelle des salariés tout en veillant au développement de leurs compétences et à leur adaptation aux besoins de l'entreprise.

1 L'entretien professionnel

À savoir

L'entretien professionnel ne concerne pas l'évaluation du travail du salarié.

A Tous les 2 ans

- **Obligatoire tous les 2 ans**, il a pour objectifs : d'accompagner le salarié dans ses perspectives d'évolution professionnelle (qualification, promotion…) ; d'identifier ses besoins en formation.
- Il a lieu **pendant le temps de travail** et dans l'entreprise.

B Tous les 6 ans

- L'**état des lieux récapitulatif du parcours professionnel** sert à vérifier qu'au cours des 6 dernières années, le salarié a :
  - suivi au moins une action de formation ;
  - acquis un diplôme ou un titre professionnel par la formation ou par une validation des acquis de l'expérience (VAE) ;
  - bénéficié d'une progression salariale ou professionnelle ;
  - bénéficié d'un abondement de son compte personnel de formation par l'employeur au moins équivalent à la moitié des droits acquis.

  L'employeur doit informer le salarié de la possibilité de recourir au **conseil en évolution professionnelle** (voir fiche 22).
- Un **compte rendu** de l'état des lieux est rédigé pendant l'entretien et une copie est remise au salarié.

2 L'entretien d'évaluation

L'employeur peut mettre en place un entretien d'évaluation (**non obligatoire**) en vertu de son pouvoir de direction ou pour respecter les dispositions conventionnelles d'entreprise (ex. : évaluation de la réalisation d'objectifs).

A Les modalités

■ Le salarié ne peut pas le refuser si le dispositif d'évaluation mis en œuvre dans l'organisation a été porté à sa connaissance.

■ L'évaluation peut prendre la forme d'un **entretien annuel** et/ou d'un **système de notation**. Les méthodes et techniques d'évaluation doivent être objectives, transparentes et non discriminatoires.

B La finalité

■ L'entretien a pour seule finalité d'**apprécier les aptitudes professionnelles**. Les résultats sont transmis au service RH, à l'employeur et au salarié.

■ Si l'**évaluation est positive**, l'employeur peut proposer une augmentation de la rémunération ou une promotion.

■ Si l'**évaluation est négative**, l'employeur n'a pas le droit de baisser la rémunération du salarié ou de le rétrograder, ce qui constituerait une modification du contrat de travail pour motif personnel et nécessiterait l'accord du salarié. Une évaluation négative n'est pas suffisante à elle seule pour licencier un salarié mais peut constituer un élément parmi d'autres dans une procédure de licenciement pour insuffisance professionnelle.

3 Les outils de suivi de carrière

Pour assurer le suivi des carrières, les organisations utilisent des **outils** : planigrammes de suivi des entretiens, fiches de suivi des formations, grilles d'évaluation des compétences, d'atteinte des objectifs, logiciels de gestion des carrières.

Modèle de convocation à un entretien professionnel

Objet : Entretien professionnel

M....

Vous êtes convoqué(e) le ... à ... bureau n° ... pour un entretien professionnel qui sera conduit par M. ... en sa qualité de ...

Cet entretien a pour objectif d'envisager ensemble vos projets d'évolution professionnelle. Il fera l'objet d'une synthèse qui vous sera remise.

Veuillez agréer, M. ..., l'expression de nos sentiments les meilleurs.

Signature

22 Les modalités de la formation

La formation professionnelle a pour objectif de favoriser l'insertion ou la réinsertion des salariés, de permettre leur maintien dans l'emploi, de favoriser le développement de leurs compétences, de sécuriser leur parcours professionnel et leur promotion sociale.

1 Les dispositifs d'accès à la formation

A Le compte personnel de formation (CPF)

- Intégré dans le compte personnel d'activité (CPA), le CPF est utilisable par le salarié, tout au long de sa vie active, pour suivre une **formation certifiante ou qualifiante**.
- Chaque actif dispose de 500 € par an (plafonnés à 5 000 €) pour se former, 800 € par an pour les moins qualifiés (plafonnés à 8 000 €).

Remarque

La loi pour la liberté de choisir son avenir professionnel (6 septembre 2018) a pour objectif de renforcer les droits des salariés en matière de formation.

B Le conseil en évaluation professionnelle (CEP)

Le CEP est un **dispositif d'accompagnement** gratuit et personnalisé proposé à toute personne souhaitant faire le point sur sa situation professionnelle et, le cas échéant, établir un projet d'évolution professionnelle (reconversion, reprise ou création d'activité…).

2 Le plan de développement des compétences

- Les **formations proposées par l'employeur** dans le cadre du plan de développement des compétences doivent viser les objectifs suivants :
  - favoriser l'adaptation au poste de travail, à l'évolution des emplois, ainsi que le maintien dans l'emploi ;
  - participer au développement des compétences en lien ou non avec le poste de travail ;
  - permettre l'acquisition d'une qualification plus élevée ;
  - favoriser la mobilité professionnelle ;
  - permettre d'accéder à de nouvelles activités professionnelles.

■ Le plan de développement des compétences peut intégrer des **actions de formation assimilées** (bilan de compétences, VAE, apprentissage) ou de **développement personnel** (coaching, analyse de pratiques…).

■ Les formations peuvent être organisées en situation de travail, ou en tout ou partie à distance.

À savoir

L'action de formation se définit comme un parcours pédagogique permettant d'atteindre un objectif professionnel.

■ L'employeur peut choisir le salarié qu'il souhaite faire bénéficier d'une formation, mais son choix ne doit pas être discriminatoire. Un salarié peut également faire la demande d'une formation prévue dans le plan de développement des compétences.

3 Les dispositifs de reconversion professionnelle

A Le compte personnel de formation de transition

Le CPF de transition permet au salarié de changer de métier dans le cadre d'un projet de transition professionnelle. Après validation du projet par une commission paritaire, un congé spécifique est accordé sous réserve d'une ancienneté minimale pour suivre une formation en tout ou partie pendant le temps de travail.

B Le dispositif Pro-A

Ce dispositif de reconversion ou de promotion offre au salarié la possibilité de conserver son contrat de travail et sa rémunération tout en accédant à une formation qualifiante en alternance.

4 Les autres congés de formation

Les salariés peuvent peut demander à suivre d'autres formations, par exemple :
- un bilan de compétences (voir fiche 20) ;
- un congé de validation des acquis de l'expérience (VAE) en justifiant d'au moins 1 an d'expérience en rapport direct avec la certification visée ;
- un congé de formation pour les titulaires d'un mandat ou de responsabilités sociales (délégués syndicaux, membres du Comité social et économique) ;
- un congé de formation économique, sociale et syndicale ouvert à tous les salariés.

23 L'organisation des formations

Pour construire le plan de formation, l'employeur doit programmer toutes les actions de formation à mettre en place pour les salariés, en fonction des orientations qu'il souhaite donner à l'entreprise.

1 L'élaboration du plan de développement des compétences

Il se construit en plusieurs étapes :
- **définition des priorités de formation** en fonction des projets d'évolution de l'organisation ;
- **recensement des besoins en formation**, notamment à l'occasion des entretiens professionnels ;
- **choix des formations** à mettre en œuvre, en vérifiant la cohérence entre les besoins et les moyens mobilisés ;
- **établissement d'un budget** : étude des offres de formation, négociation avec les prestataires de formation, recherche de sources de financement (opérateurs de compétences), chiffrage des coûts ;
- **consultation des représentants du personnel**.

2 La planification et l'organisation de la formation

A Les modalités

- Les actions de formation sont animées par des **formateurs internes** à l'entreprise ou confiées à des **organismes de formation externes** avec lesquels l'entreprise signe une convention de formation.
- La formation peut se dérouler sur le temps de travail ou hors du temps de travail selon la catégorie dont elle relève.

B La planification

Il s'agit de définir le **calendrier** le plus propice à la mise en œuvre des formations en tenant compte des contraintes de l'entreprise : périodes d'activités, impératifs liés à la charge de travail, délais dans lesquels les compétences acquises sont nécessaires…

3 La mise en œuvre du plan de développement des compétences

Il se présente sous la forme d'un **tableau de bord** permettant :

- de communiquer sur les **priorités de formations** et faciliter les demandes des salariés dans le cadre du compte personnel de formation (CPF) ;
- d'assurer la **gestion de la formation** dans l'entreprise : absences des salariés en formation, envoi des convocations, démarches auprès des organismes financeurs et des prestataires externes, réservation des salles, de matériels pédagogiques… ;
- d'impliquer les managers à favoriser l'**utilisation des nouvelles compétences**.

Les opérateurs de compétences

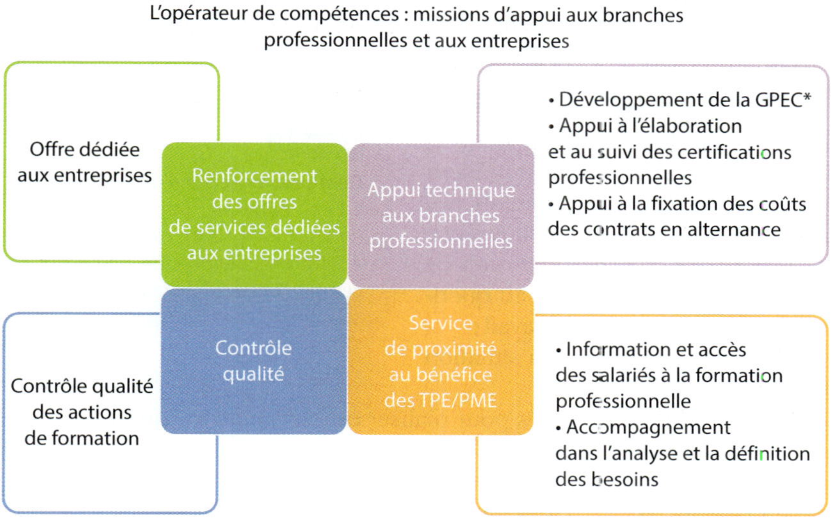

* Gestion prévisionnelle des emplois et des compétences.

D'après : www.opcadefi.fr

24 L'évaluation des formations

L'évaluation des formations constitue un acte de management qui ne doit pas se limiter à mesurer le degré de satisfaction immédiate des salariés à l'issue de la formation mais permettre d'évaluer l'amélioration concrète de la pratique des collaborateurs.

1 L'évaluation à chaud par le stagiaire

Elle est la plupart du temps réalisée **à l'issue de la formation**. Le support utilisé est généralement un questionnaire remis par le formateur ou l'organisme prestataire, qui évalue :
- la satisfaction globale vis-à-vis du déroulement de la formation (durée, méthodes, supports...) ;
- les effets sur les attitudes et les comportements des stagiaires.

2 L'évaluation à chaud par l'entreprise

Effectuée par le responsable des ressources humaines ou le supérieur hiérarchique en fin de formation, elle permet d'**évaluer individuellement** :
- l'atteinte des objectifs en termes de progrès et les effets perçus au quotidien quant à la qualité du travail ;
- le transfert des acquis en situation professionnelle.

Différents outils sont utilisés pour réaliser cette évaluation : questionnaires, grilles d'observations, entretiens, mises en situation.

Exemple

Quelques critères d'évaluation
- Les salariés utilisent-ils ce qu'ils ont appris en formation ?
- Peut-on observer de nouveaux comportements professionnels ?

3 L'évaluation à froid par l'entreprise

Mise en place 3 à 6 mois après la fin de la formation, elle permet de **mesurer globalement** :
- l'atteinte ou non des objectifs en ce qui concerne le transfert de compétences personnelles et professionnelles ;
- l'impact de la formation sur les résultats de l'entreprise.

Il s'agit pour l'organisation de valider la rentabilité de la formation, à l'aide d'indicateurs : diminution du turn-over, amélioration de la satisfaction des clients, de la qualité du travail, de la productivité…

Mot-clé

Turn-over : il correspond au rythme de renouvellement des effectifs dans l'entreprise.

Exemple de processus d'évaluation d'une formation

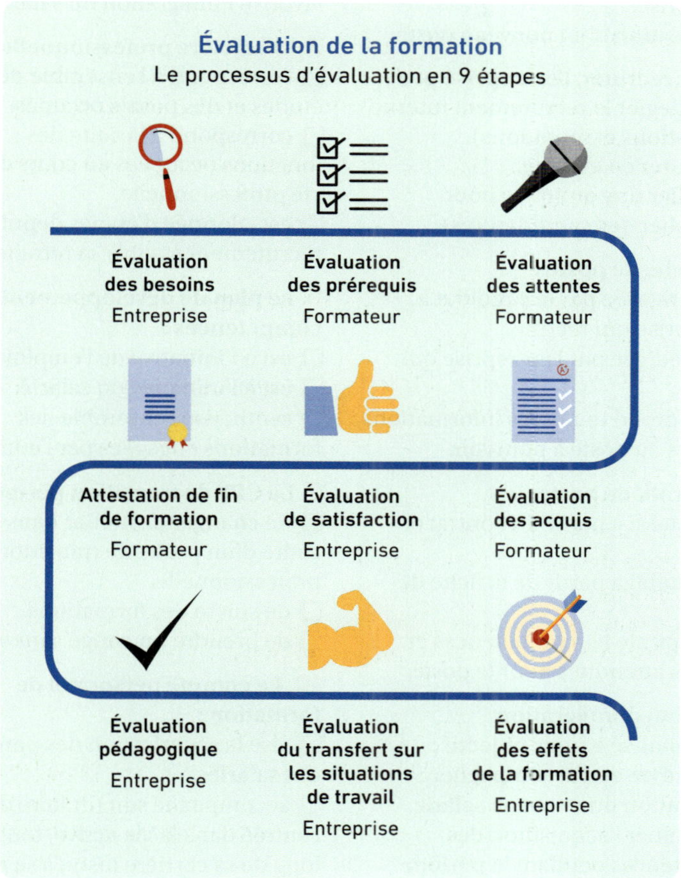

SE TESTER QUIZ **Cochez la ou les réponse(s) exacte(s).**

1. Le recrutement peut être motivé par :
- ☐ la vacance d'un poste suite au départ d'un salarié.
- ☐ la diminution des effectifs de l'entreprise.
- ☐ la création d'un nouveau poste.

2. Pour recruter, l'entreprise peut :
- ☐ privilégier le recrutement interne (promotions et mutations).
- ☐ recruter en externe.
- ☐ publier une annonce pour rechercher des candidatures.

3. La fiche de poste :
- ☐ est envoyée par le candidat à l'entreprise qui recrute.
- ☐ est rédigée par l'entreprise qui recrute.
- ☐ comprend toutes les informations relatives au poste à pourvoir.

4. Le profil de poste :
- ☐ est établi à partir du contrat de travail.
- ☐ est établi à partir de la fiche de poste.
- ☐ récapitule les compétences et qualités attendues pour le poste.

5. Le plan d'intégration individualisé a pour objectif :
- ☐ de suivre et d'accompagner l'intégration du nouveau salarié.
- ☐ d'évaluer l'acquisition des compétences pendant la période d'essai.
- ☐ de recruter un nouveau salarié.

6. Le livret d'accueil est :
- ☐ un document obligatoire.
- ☐ un document non obligatoire et non contractuel.
- ☐ un outil de management qui favorise l'intégration du salarié.

7. La carrière professionnelle :
- ☐ correspond à l'ensemble de ses études et des postes occupés.
- ☐ correspond à la suite des fonctions occupées au cours de sa vie professionnelle.
- ☐ est jalonnée d'étapes depuis son recrutement jusqu'à sa retraite.

8. Le plan de développement des compétences :
- ☐ est à l'initiative de l'employeur.
- ☐ est à l'initiative du salarié.
- ☐ synthétise l'ensemble des formations engagées par l'entreprise.

9. Le CPF de transition permet :
- ☐ de changer de métier dans le cadre d'un projet de transition professionnelle.
- ☐ de suivre des formations.
- ☐ de prendre un congé sans solde.

10. Le compte personnel de formation :
- ☐ vise la sécurisation des parcours des salariés.
- ☐ accompagne son titulaire dès l'entrée dans la vie active, tout au long de sa carrière jusqu'à sa retraite.
- ☐ permet au salarié, à son initiative, de suivre une action de formation.

TROUVEZ LA BONNE RÉPONSE

Indiquez pour chaque situation le terme correspondant.

Situation professionnelle	Document ou processus
Descriptif d'une fonction exercée par un salarié dans une structure et un environnement de travail donnés : intitulé du poste, missions, responsabilités, description des activités, inventaire des tâches.	
Support de communication qui décrit le poste et le profil du candidat recherché par un employeur, généralement diffusé dans la presse, sur Internet ou sur les réseaux sociaux.	
Processus comprenant plusieurs étapes : analyse des besoins, définition du poste à pourvoir, recherche de candidats, traitement des candidatures, embauche et intégration.	
Portrait idéal du candidat postulant à un emploi qui définit les compétences, la formation, l'expérience et les qualités requises.	
Phase finale d'un processus de recrutement (après offre d'emploi et sélection) qui transforme un candidat en salarié et qui se concrétise par la signature d'un contrat de travail.	

VRAI OU FAUX ?

Repérez les affirmations exactes concernant le suivi de carrière et la formation. En cas d'erreur, proposez la bonne réponse.

Affirmations	Vrai	Faux	Réponse exacte
Facultatif, l'entretien professionnel a pour objectif d'accompagner le salarié dans ses perspectives d'évolution et d'identifier ses besoins en formation.			
Le bilan de compétences est ouvert aux salariés justifiant d'une ancienneté professionnelle d'au moins 5 ans dont 12 mois dans l'entreprise.			
Le plan de développement des compétences regroupe les actions de formation proposées par l'employeur selon les objectifs fixés par la loi.			
L'élaboration du plan de développement des compétences recouvre plusieurs étapes : définition des priorités de formation, recensement des besoins et choix des formations.			
L'entreprise doit assurer un suivi des actions de formation à l'aide de documents d'évaluation (questionnaires, fiches, grilles...), afin de mesurer l'acquisition des compétences par les salariés et les remédiations à apporter si nécessaire.			

MOTS CROISÉS

Complétez la grille à l'aide des définitions.

A Processus par lequel on sélectionne des candidats potentiels à un poste de travail.

B Personne qui sollicite, pour elle-même, un poste de travail.

C À l'arrivée du salarié pour faciliter son intégration.

D Du premier recrutement à la cessation d'activité.

E Outil de communication utilisé pour recruter.

F Partie importante du recrutement.

1 Issue positive du recrutement.

2 Lieu d'exercice du travail.

3 Ensemble de savoirs, savoir-faire et savoir-être utiles à un emploi.

4 Développement tout au long de la vie active.

5 Exercice d'une activité professionnelle.

6 Descriptif des compétences et aptitudes attendues pour un poste de travail.

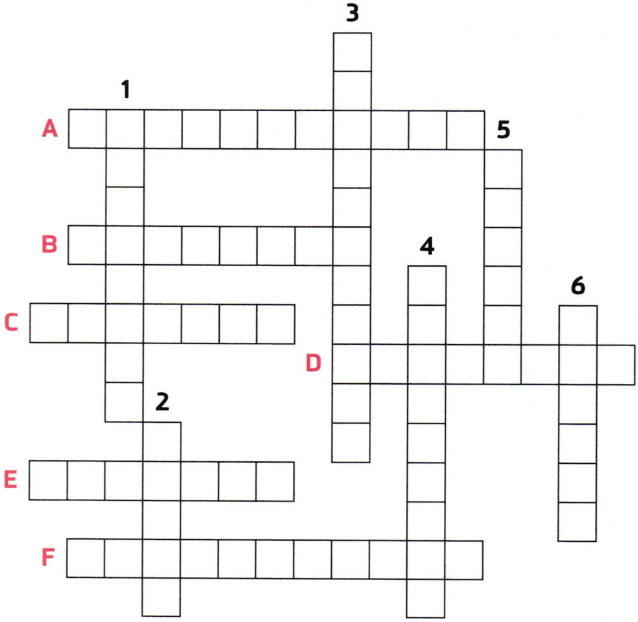

À VOUS DE JOUER ! Comparez les offres de formation à partir des documents proposés.

Des salariés du service commercial doivent participer à une formation sur le logiciel SAGE Gestion commerciale, devis et factures. Trois organismes proposent cette formation.
Après avoir étudié les différentes offres, complétez le tableau de synthèse (page suivante), puis proposez la solution la plus avantageuse financièrement en la justifiant.
Au total, 8 salariés participeront à cette formation programmée sur 2 jours. Le remboursement des frais aux stagiaires pour les formations organisées hors des locaux est de 20 €/jour pour les frais de déplacements et 15 €/jour pour les frais de repas.

Doc. 1 Offre de formation FORMA Com

Formation sur site d'entreprise.
350 €/jour pour le 1er stagiaire.
Au-delà, + 150 € par stagiaire supplémentaire.

Formateur :
- frais de déplacements : 25 €/jour ;
- forfait repas : 20 €/jour.

Doc. 2 Offre de formation CLV Formation

Formation sur site d'entreprise.
220 €/jour/stagiaire
À partir du 7e stagiaire :
200 €/jour/stagiaire

Formateur :
- frais de déplacements : 50 €/jour
- forfait repas : 25 €/jour

Doc. 3 Offre de formation LOGIC Formation

Tarif journalier pour des formations en nos locaux

Nombre de stagiaires	1	2	3	4	5 et plus
Bureautique	600 €	650 €	700 €	800 €	1 000 €
Gestion commerciale	800 €	850 €	900 €	1 000 €	1 200 €

Comparaison des offres (formation sur 2 jours)

Organismes de formation	FORMA Com	CLV Formation	LOGIC Formation
Coût formation stagiaires			
Coût déplacements formateur			
Coût repas formateur			
Coût déplacements stagiaires			
Coût repas stagiaires			
Coût total de la formation			

OBJECTIF BAC

Vous travaillez en qualité d'assistant(e) de direction auprès de Michel Delamer, directeur des Ressources humaines de la société SBR. L'entreprise est spécialisée dans la fabrication de portes et fenêtres métalliques.
Vous avez en charge deux dossiers, l'un sur le recrutement, l'autre sur les demandes de formation.

DOSSIER 1

Il a été décidé de recruter un assistant de gestion pour remplacer M. Lebrun, qui doit partir prochainement en retraite.
À défaut de candidature interne, une procédure de recrutement externe est lancée.
Vous avez à votre disposition les consignes du DRH (doc. 1) et la fiche de poste (doc. 2).

Doc. 1 Consignes du DRH

Merci de préparer la maquette de l'annonce pour le recrutement de l'assistant de gestion.
Demander CV + lettre de motivation.
Envoi de la candidature à DRH@SBR.com ou dépôt sur notre site www.SBR.com.

M. Delamer

Doc. 2 **Fiche de poste**

FICHE DE POSTE	
Intitulé du poste	Assistant(e) de gestion PME-PMI
Rattachement hiérarchique	Direction administrative et commerciale
Missions principales	**Gestion administrative :** ▪ Accueil physique et téléphonique ▪ Tri, enregistrement et distribution du courrier ▪ Saisie et mise en forme des documents ▪ Organisation des déplacements et des événements **Gestion commerciale :** ▪ Facturation, contrôle des factures ▪ Règlements fournisseurs ▪ Relance clients **Gestion administrative et gestion du personnel :** ▪ Suivi administratif du personnel (contrats, tenue des registres, planification des congés et des formations)
Compétences et connaissances professionnelles	▪ Connaissance de l'entreprise et de son environnement ▪ Bureautique : texteur, tableur, Internet ▪ Techniques de communication écrite et orale ▪ Organisation et planification des activités
Qualités professionnelles	▪ Autonomie : sens de l'anticipation et de l'initiative ▪ Rigueur : organisation et méthode ▪ Sens des responsabilités et respect de la confidentialité ▪ Dynamisme et maîtrise de soi ▪ Aptitude à la communication, maîtrise de l'orthographe
Profil recherché	▪ Bac + 2 (BTS Assistant de gestion PME-PMI) ▪ Expérience 3/5 ans

Travail à effectuer

Préparez le texte de l'annonce qui sera diffusée dans la presse spécialisée et sur Internet.

DOSSIER 2

Vous assistez Thomas Leduc, directeur des Ressources humaines, dans la planification des entretiens d'évaluation annuels des commerciaux qui auront lieu début mars.
Vous avez à votre disposition un extrait du fichier du service commercial (doc. 3) et les consignes du DRH (doc. 4).

Doc. 3 Fichier du service commercial (extrait)

Nom	Fonction	Observations
BOULIN Xavier	Directeur commercial	
BRETON Louis	Commercial	RDV médical le 7 mars (journée)
CARLE Marion	Commerciale	
FAURE Jordan	Commercial	
GONIN Virginie	Commerciale	Congé maternité jusqu'au 5 août
LOUVIN Enzo	Commercial	
MUNY Sacha	Commercial	
NORIA Lucie	Commerciale	
PAVIL Louane	Commerciale	RTT le 11 mars
SAUTER Damien	Commercial	

Doc. 4 Consignes du DRH

Je conduirai les entretiens d'évaluation prévus la deuxième semaine de mars avec le directeur commercial.
Les commerciaux seront reçus en salle de réunion selon l'ordre alphabétique.
Prévoir si possible deux entretiens successifs, mais pas plus de deux entretiens dans la journée. Merci.

Thomas Leduc

Annexe

Annexe 1 Agenda partagé

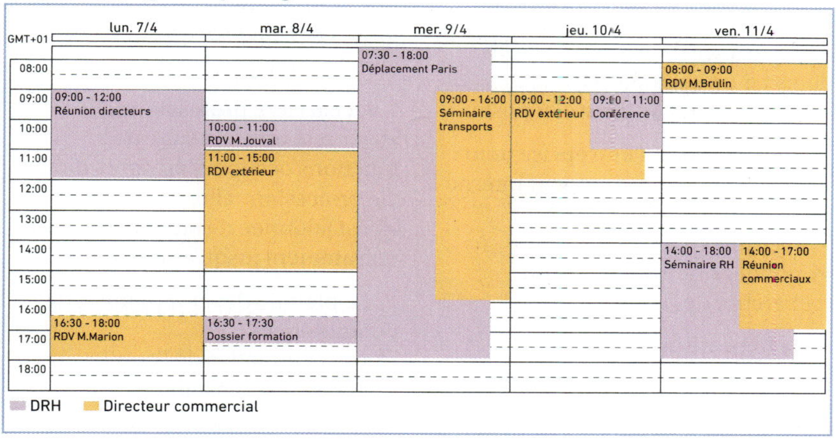

Travail à effectuer

1. Complétez l'agenda partagé de M. Leduc DRH et de M. Xavier Blanc, directeur commercial (annexe 1) en programmant les entretiens d'évaluation des commerciaux.

2. Préparez un courriel destiné à M. Muny pour lui annoncer la date et l'heure de l'entretien d'évaluation, prévu en salle de réunion (convocation en pièce jointe).

SE TESTER

1. Le recrutement peut être motivé par :

☑ la vacance d'un poste suite au départ d'un salarié.

☑ la création d'un nouveau poste.

2. Pour recruter, l'entreprise peut :

☑ privilégier le recrutement interne (promotions et mutations).

☑ recruter en externe.

☑ publier une annonce pour rechercher des candidatures.

3. La fiche de poste :

☑ est rédigée par l'entreprise qui recrute.

☑ comprend toutes les informations relatives au poste à pourvoir.

4. Le profil de poste :

☑ est établi à partir de la fiche de poste.

☑ récapitule les compétences et qualités attendues pour le poste.

5. Le plan d'intégration individualisé a pour objectif :

☑ de suivre et d'accompagner l'intégration du nouveau salarié.

☑ d'évaluer l'acquisition des compétences pendant la période d'essai.

6. Le livret d'accueil est :

☑ un document non obligatoire et non contractuel.

☑ un outil de management qui favorise l'intégration du salarié.

7. La carrière professionnelle :

☑ correspond à la suite des fonctions occupées au cours de sa vie professionnelle.

☑ est jalonnée d'étapes depuis son recrutement jusqu'à sa retraite.

8. Le plan de développement des compétences :

☑ est à l'initiative de l'employeur.

☑ synthétise l'ensemble des formations engagées par l'entreprise.

9. Le CPF de transition permet :

☑ de changer de métier dans le cadre d'un projet de transition professionnelle.

☑ de suivre des formations.

10. Le compte personnel de formation :

☑ vise la sécurisation des parcours des salariés.

☑ accompagne son titulaire dès l'entrée dans la vie active, tout au long de sa carrière jusqu'à sa retraite.

☑ permet au salarié, à son initiative, de suivre une action de formation.

TROUVEZ LA BONNE RÉPONSE

Situation professionnelle	Document ou processus
Descriptif d'une fonction exercée par un salarié dans une structure et un environnement de travail donnés : intitulé du poste, missions, responsabilités, description des activités, inventaire des tâches.	Fiche de poste
Support de communication qui décrit le poste et le profil du candidat recherché par un employeur, généralement diffusé dans la presse, sur Internet ou sur les réseaux sociaux.	Annonce d'offre d'emploi
Processus comprenant plusieurs étapes : analyse des besoins, définition du poste à pourvoir, recherche de candidats, traitement des candidatures, embauche et intégration.	Recrutement
Portrait idéal du candidat postulant à un emploi qui définit les compétences, la formation, l'expérience et les qualités requises.	Profil de poste
Phase finale d'un processus de recrutement (après offre d'emploi et sélection) qui transforme un candidat en salarié et qui se concrétise par la signature d'un contrat de travail.	Embauche

VRAI OU FAUX ?

Affirmations	Vrai	Faux	Réponse exacte
Facultatif, l'entretien professionnel a pour objectif d'accompagner le salarié dans ses perspectives d'évolution et d'identifier ses besoins en formation.		✗	L'entretien professionnel est obligatoire tous les 2 ans.
Le bilan de compétences est ouvert aux salariés justifiant d'une ancienneté professionnelle d'au moins 5 ans dont 12 mois dans l'entreprise.	✗		
Le plan de développement des compétences regroupe les actions de formation proposées par l'employeur selon les objectifs fixés par la loi.	✗		

Affirmations	Vrai	Faux	Réponse exacte
L'élaboration du plan de développement des compétences recouvre plusieurs étapes : définition des priorités de formation, recensement des besoins et choix des formations.		✗	Il faut également prévoir un budget.
L'entreprise doit assurer un suivi des actions de formation à l'aide de documents d'évaluation (questionnaires, fiches, grilles…), afin de mesurer l'acquisition des compétences par les salariés et les remédiations à apporter si nécessaire.	✗		

MOTS CROISÉS

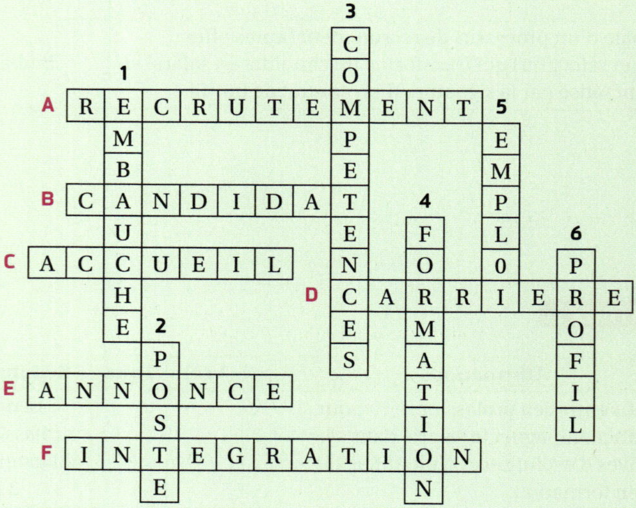

À VOUS DE JOUER !

Comparaison des offres (formation sur 2 jours)

Organismes de formation	FORMA Com	CLV Formation	LOGIC Formation
Coût formation stagiaires	[(350 + (150 × 7)] × 2 = 2 800	[(220 × 6) + (200 × 2)] × 2 = 3 440	1 200 × 2 = 2 400
Coût déplacements formateur	25 × 2 = 50	50 × 2 = 100	
Coût repas formateur	20 × 2 = 40	25 × 2 = 50	
Coût déplacements stagiaires	–	–	(20 × 8) ×2 = 320
Coût repas stagiaires	–	–	(15 × 8) × 2 = 240
Coût total de la formation	2 890 €	3 590 €	2 960 €

Financièrement la proposition la plus avantageuse est celle de l'organisme FORMA Com.

De plus, la formation va s'effectuer dans nos locaux, avec notre propre matériel équipé du logiciel SAGE, ce qui permettra d'effectuer des tests techniques.

OBJECTIF BAC

DOSSIER 1

Rédaction du projet d'annonce

Assistant(e) de gestion PME-PMI
Rattaché(e) à la Direction administrative et commerciale
Au sein d'une entreprise spécialisée dans la fabrication
et la commercialisation de portes et fenêtres métalliques

Vous aurez en charge :

- la **gestion administrative** : accueil physique et téléphonique, gestion du courrier, traitement des documents, organisation des déplacements et des événements ;
- la **gestion commerciale** : facturation, règlements fournisseurs, relances clients ;
- la **gestion du personnel** : suivi administratif du personnel, gestion des congés et des formations.

Compétences requises : connaissance de l'entreprise et de son environnement, techniques de communication, organisation et planification des activités, maîtrise des outils bureautiques.
Qualités : autonomie et esprit d'initiative, rigueur et méthode, sens des responsabilités, aptitude à la communication et maîtrise de l'orthographe.
Profil souhaité : titulaire Bac +2, BTS assistant gestion PME-PMI
Expérience : 3 à 5 ans

Adresser lettre de motivation + CV à DRH@SBR.com
ou candidature en ligne à www.SBR.com

DOSSIER 2

1.

Annexe 1 Les entretiens d'évaluation des commerciaux

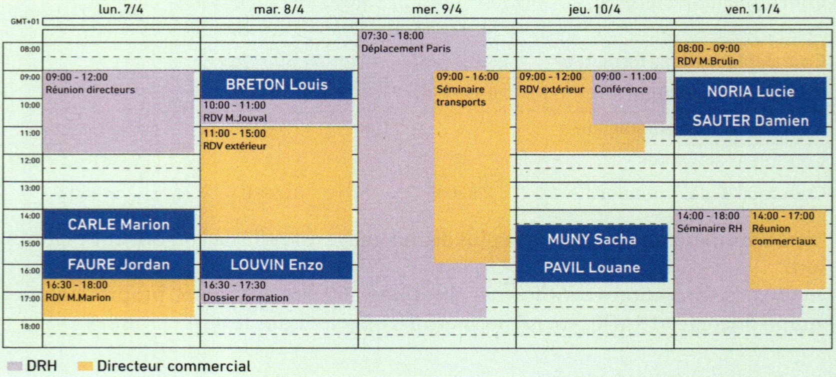

2. Convocation à l'entretien annuel d'évaluation par courriel :

Bonjour,

Veuillez trouver ci-joint votre convocation à l'entretien annuel d'évaluation, conduit par M. Leduc, directeur des Ressources humaines et M. Boulin, directeur commercial, le 10 mars à 14 heures en salle de réunion.

Merci de vous rendre disponible pour cette date.

Cordialement

XXX

Assistant(e) administratif(ve)

PARTIE 3

Gestion administrative des rémunérations et des budgets de personnel

FICHES

25 Les états préparatoires au bulletin de salaire

Le salaire brut constitue le paiement de toutes les sommes dues au titre du contrat de travail : salaire de base, majorations, primes, etc. De ce salaire brut sont retranchées les cotisations salariales obligatoires (retraite, maladie, prévoyance, chômage...) et les cotisations salariales facultatives (forfait transport, contribution aux tickets restaurant...).

1 Les composantes de la rémunération

A Le salaire de base

■ Le **traitement de base** est défini dans le contrat de travail en fonction du secteur d'activité et des heures travaillées. La rémunération ne peut pas être inférieure au minimum légal ou au minimum conventionnel.

■ La **durée légale du travail** pour un temps complet est fixée à 35 heures par semaine (ou 1 607 heures par an) pour toutes les entreprises, quel que soit leur effectif. Cependant, des dispositions conventionnelles ou collectives peuvent prévoir une durée de travail hebdomadaire supérieure ou inférieure à 35 heures.

À savoir

Quand la convention collective applicable prévoit un salaire minimum conventionnel, l'employeur doit verser ce dernier s'il est supérieur au montant du SMIC. S'il est inférieur au SMIC, l'employeur verse un complément de salaire pour atteindre le SMIC.

$$\textbf{Base mensuelle} : \frac{\text{35 heures par semaine} \times \text{52 semaines}}{\text{12 mois}} = \text{151,67 heures par mois}$$

$$\textbf{Taux horaire} : \frac{\text{Salaire brut mensuel}}{\text{151,67 heures}}$$

B Le salaire brut

La somme des éléments ci-dessous constitue le **salaire brut** :

- le **traitement de base**
+ les **heures supplémentaires** (voir fiche 6) ;
+ les **primes éventuelles** (prime de risque pour un travail dangereux, prime de précarité d'emploi, prime de fin d'année, prime d'intéressement…) ;
+ les **indemnités** stipulées dans la convention collective à laquelle se réfère l'entreprise (blouse, panier-repas) ;
+ les **majorations** pour les horaires de travail particuliers (travail de nuit ou le week-end, astreinte) ;
+ les **avantages en nature** divers (logement, véhicule, outils de communication : téléphone mobile, micro-ordinateur, accès Internet…) ;
+ les **congés payés** ;
– les absences.

Mot-clés

Prime de précarité d'emploi : indemnité de fin de contrat destinée à compenser la précarité de la situation (CDD). Elle est fixée à 10 % de la totalité des salaires bruts versés.

Prime d'intéressement : rémunération du travail pour motiver le personnel et l'intéresser à l'accroissement de la performance de l'entreprise.

C L'indemnité de congés payés

- Le salarié ayant acquis le droit de prendre des jours de congés perçoit une **indemnité de congés payés**.
- Que le salarié travaille à temps plein ou à temps partiel, il acquiert **2,5 jours ouvrables** par mois de travail effectif chez le même employeur, soit 30 jours ouvrables (5 semaines) pour une année complète de travail.
- L'année complète de travail est définie à partir d'une période de référence, fixée du **1er juin de l'année précédente au 31 mai de l'année en cours**.

Mot-clé

Jours ouvrables : tous les jours de la semaine, à l'exception du jour de repos hebdomadaire (généralement le dimanche) et des jours fériés habituellement non travaillés dans l'entreprise.

■ Sauf mode de calcul plus favorable au salarié prévu par un usage ou dans le contrat de travail, l'indemnité de congés payés est calculée de 2 manières :

Méthode du maintien de salaire	Méthode du dixième
L'indemnité de congés payés est égale à la rémunération que le salarié aurait perçue s'il avait continué à travailler.	L'indemnité est égale à 1/10e de la rémunération brute totale perçue par le salarié au cours de la période de référence.

C'est le montant **le plus avantageux pour le salarié** qui lui est versé.

D Les absences à déduire

■ Un salarié absent de son lieu de travail suspend son contrat de travail. Par conséquent, l'employeur n'a plus l'obligation de lui verser un salaire sauf cas particulier (congés payés ou absences pour maladie).

■ La **retenue sur salaire** doit être **proportionnelle à la durée de l'absence**.

■ Il existe principalement 2 méthodes de retenue :

Méthode de l'horaire réel	Rapport entre le salaire de base mensuel et le nombre d'heures réelles de travail pour le mois où le salarié a été absent ; le résultat est à multiplier par le nombre d'heures d'absence réelles.
Méthode des jours ouvrés	Rapport entre le salaire de base mensuel et le nombre réel de jours ouvrés du mois de l'absence (y inclure les jours fériés comme travaillés) ; le résultat est à multiplier par le nombre de jours d'absence réelles.

Mot-clé

Jours ouvrés : jours effectivement travaillés dans une entreprise ou une administration. Le plus souvent, on compte 5 jours ouvrés par semaine (par exemple, du lundi au vendredi ou du mardi au samedi).

2 Les retenues sur salaire

Les retenues sur salaire sont les **cotisations sociales**. Celles-ci représentent la contribution de l'employeur (cotisations sociales patronales) et du salarié (cotisations sociales salariales) à la protection sociale. Elles sont versées à différents **organismes sociaux**.

Cotisations sociales en 2019

Régimes	Répartition (%)		Assiette
	Employeur %	Salarié %	
I. URSSAF			
Assurance maladie (maladie, maternité, invalidité, décès)	13,00		Totalité du salaire
Solidarité autonomie	0,30		
Allocations familiales [1]	3,45 ou 5,25		
Assurance vieillesses déplafonnée	1,90	0,40	
Fonds national d'aide au logement (FNAL, au moins 20 salariés)	0,50		
Contribution au dialogue social	0,016		
Accident du travail	Taux variable selon l'entreprise		
CSG (contribution sociale généralisée) déductible		6,80	98,25 % de la totalité du salaire brut
CSG (contribution sociale généralisée) non déductible		2,40	
CRDS (contribution au remboursement de la dette sociale)		0,50	
Assurance vieillesse plafonnée	8,55	6,90	Salaire limité à 1 P
Fonds national d'aide au logement (FNAL, moins de 20 salariés)	0,10		
II. Pôle emploi			
Chômage [2]	4,05		Salaire limité à 4 P
AGS (cotisation au régime de garantie des salaires) [3]	0,15		

La lettre P désigne le plafond de Sécurité sociale : 3 377 euros en 2019.

(1) 3,45 % pour les salaires bruts inférieurs à 3,5 SMIC.

(2) La contribution patronale chômage est portée à 4,55 % pour les CDD d'usage d'au plus 3 mois. Pour les intermittents du spectacle, une contribution additionnelle est due afin de financer le régime spécifique à cette profession.

(3) Les entreprises de travail temporaire sont soumises pour le personnel intérimaire à un taux de cotisation AGS spécifique de 0,03 %.

3 La fusion des régimes de retraite complémentaire

■ Le 1er janvier 2019, les deux régimes de retraite complémentaire ARRCO et AGIRC ont fusionné en **un seul régime AGIRC-ARRCO** pour assurer plus de lisibilité et de simplicité, en garantissant la continuité des droits des retraités et des actifs.

■ La création de ce régime s'accompagne :
- de la conversion des points ARRCO et AGIRC en points AGIRC-ARRCO (un seul compte de points) ;
- de la conservation de deux tranches uniques de cotisations (T1 et T2) pour les non-cadres et les cadres ;
- d'une augmentation des cotisations retraite : 7,87 % pour la T1 et 21,59 % pour la T2 ;
- de la fusion des cotisations GMP et AGFF en une contribution d'équilibre général (CEG) ;
- du déclenchement de la contribution d'équilibre technique (CET) uniquement pour les salaires supérieurs à un plafond de la Sécurité sociale (PSS) des non-cadres et des cadres.

Taux de cotisations retraite au 1er janvier 2019
(répartis* à 40 % pour le salarié et à 60 % pour l'employeur)

Non-cadres et cadres	Plafond de cotisations	Part salariale	Part patronale	Taux global
Retraite complémentaire T1/TA	1 × PSS	3,148 %	4,722 %	7,870 %
Retraite complémentaire T2/TB	Maxi = 8 × PSS	8,636 %	12,954 %	21,590 %
CEG (contribution d'équilibre général) T1/TA	1 × PSS	0,86 %	1,29 %	2,15 %
CEG (contribution d'équilibre général) T2/TB	Maxi = 8 × PSS	1,08 %	1,62 %	2,70 %
CET (contribution d'équilibre technique)	Maxi = 4 × PSS	0,14 %	0,21 %	0,35 %
APEC TA**	1 × PSS	0,024 %	0,036 %	0,060 %
APEC TB**	Maxi = 4 × PSS	0,024 %	0,036 %	0,060 %

* Selon la convention collective appliquée, les taux et la répartition peuvent être différents.
** Taux 2018 susceptible d'évoluer en 2019.

4 Les différents salaires

A Le salaire net

Le salaire net est le montant obtenu après déductions du salaire brut des **cotisations salariales obligatoires** (couverture sociale) et des **cotisations salariales facultatives** (tickets restaurant, mutuelle, etc.).

B Le salaire imposable

- Les salariés sont soumis aux cotisations sociales CSG (contribution sociale généralisée) et CRDS (contribution au remboursement de la dette sociale) hormis les apprentis.
- À la charge exclusive du salarié, elles sont collectées par l'Urssaf. La répartition du taux de cotisation (9,70 %) est la suivante :

Contribution sociale généralisée (CSG)	Contribution au remboursement de la dette sociale (CRDS)
◗ 6,80 % déductibles ◗ 2,40 % non déductibles	0,50 % non déductible

À savoir

Le terme « déductible » implique que cette cotisation vient diminuer le salaire brut pour en déterminer le net à payer.
Une cotisation non déductible diminue le salaire brut afin d'en déterminer le net à payer mais est prise en compte pour le net imposable, net qui sera déclaré aux impôts.

Ces cotisations sont calculées sur 98,25 % du salaire brut. En effet, la Sécurité sociale applique un abattement de 1,75 % correspondant aux frais d'engagement du salarié pour travailler (frais professionnels).

26 Le bulletin de salaire

Peu importent le nombre d'heures travaillées et l'emploi occupé, le bulletin de salaire est un document obligatoire. Certaines mentions y sont exigées et d'autres sont en revanche strictement interdites.

1 Les mentions obligatoires

Le bulletin de salaire doit mentionner les éléments suivants :

- l'**identité de l'employeur** : nom, adresse, numéro Siret, code APE ou NAF ;
- l'**identité du salarié** : nom, emploi, niveau ou coefficient hiérarchique ;
- l'**intitulé de la convention collective applicable** (ou la référence au Code du travail concernant les congés payés et les délais de préavis en cas de cessation de la relation de travail) ;
- la **période** et le **nombre d'heures de travail** : avec une distinction entre les heures au taux normal et les heures supplémentaires, ainsi que les taux concernés, avec la mention de la nature et du volume du forfait pour les salariés au forfait ;
- les **dates de congés** et le **montant de l'indemnité de congés payés** (s'ils interviennent sur la période concernée par le bulletin de paie) ;
- la **rémunération brute** ;
- la **nature** et le **montant des « accessoires de salaire »** (primes, avantages en nature, frais professionnels...) soumis aux cotisations salariales et patronales ;
- le **montant**, l'**assiette** et les **taux des cotisations** et des **contributions sociales** ;
- la **nature** et le **montant** des autres versements et retenues ;
- la **rémunération nette** ;
- la **date de paiement** ;
- le **montant total versé par l'employeur** (rémunération, cotisations et contributions à la charge de l'employeur) ;
- le **montant** correspondant à l'**évolution de la rémunération** liée à la suppression des cotisations chômage et maladie ;
- le **montant des exonérations** et exemptions de cotisations et contributions sociales ;

Mots-clés

- **APE :** activité principale exercée.
- **NAF :** nomenclature d'activité française.

- le **montant net à payer avant impôt sur le revenu** et le **montant de l'impôt sur le revenu prélevé à la source** ;
- la **mention de la rubrique dédiée au bulletin de paie** (consulter le site service-public.fr pour des explications sur les termes utilisés) ;
- la **mention indiquant que le bulletin de paie doit être conservé sans limitation de durée**.

2 Les mentions interdites

Aucune mention relative à l'exercice du droit de grève et à l'activité de représentation des salariés ne doit figurer sur le bulletin de paie :
- le non-paiement des heures de grève est traduit par l'intitulé « absence non rémunérée » ;
- les heures de délégation sont incluses dans le temps de travail normal.

3 Les documents annexés au bulletin de salaire

Sur une annexe au bulletin de paie, ou sur le bulletin de paie lui-même, doivent figurer les différents temps de repos auxquels le salarié a droit :
- la **bonification** (10 ou 25 %) sous forme de repos : mention du repos acquis ;
- le **repos compensateur de remplacement** lié à la transformation des heures supplémentaires et de leur majoration en repos ;
- le **repos compensateur obligatoire** : mention du repos acquis ;
- les **journées** et **demi-journées de repos (jours RTT)** : date de prise des jours ;
- le **compte épargne temps** ;
- le **nombre d'heures total annuel de travail** effectuées par le salarié en cas de calcul de la durée du travail sur l'année (modulation, jours RTT sur l'année), détaillé sur une annexe au dernier bulletin de paie de l'année de référence ;
- en cas d'astreintes, le **nombre d'heures d'astreinte** effectuées dans le mois et la compensation y afférant.

> **À savoir**
>
> Le **compte épargne temps** (CET) permet au salarié d'accumuler des droits à congé rémunéré ou de bénéficier d'une rémunération (immédiate ou différée), en contrepartie des périodes de congé ou de repos non prises, ou des sommes affectées.

4 Le contrôle du bulletin de salaire

Les enjeux de la vérification de la fiche de paie ont pour objectifs de :
- s'assurer que le montant de l'indemnité de congés payés qui figure sur le bulletin de salaire soit calculé au plus favorable entre le maintien du salaire et la méthode du 1/10e ;
- contrôler que les différents éléments de salaire brut qui figurent sur le bulletin de paie soient conformes au contrat de travail et à la convention collective : heures supplémentaires, 13e mois, congés payés, etc. ;
- veiller à la bonne prise en compte des périodes d'arrêt de maladie, d'accident du travail, de maladie professionnelle, ou de maternité par la Sécurité sociale et par l'employeur. Ce dernier devant parfois compléter les indemnités journalières de Sécurité sociale.

5 Les évolutions du bulletin de paie simplifié

A La mention liée au gain de pouvoir d'achat

■ La loi de financement de la Sécurité sociale de 2018 a augmenté la CSG de 1,7 point au 1er janvier 2018 et a supprimé les cotisations salariales d'assurance maladie (0,75 %) et d'assurance chômage dont l'évolution a lieu en deux temps :
- depuis le 1er janvier 2018, le taux de cette cotisation était fixé à 0,95 % (contre 2,40 % auparavant) ;
- au 1er octobre 2018, la cotisation salariale est supprimée.

■ Ces modifications entraînent un **gain de pouvoir d'achat** pour les salariés, que le gouvernement a souhaité faire apparaître sur le bulletin de paie.

■ Pour ce faire, une rubrique intitulée « dont évolution de la rémunération liée à la suppression des cotisations chômage et maladie » a été créée. Elle n'a qu'une valeur informative.

B La conséquence de la fusion des régimes de retraite complémentaire

■ La **fusion des régimes Agirc et Arrco** est effective depuis le 1er janvier 2019. Depuis cette date, il n'y a plus que deux tranches de rémunération soumises à cotisation :
- la tranche 1 : de 0 à 1 plafond de la Sécurité sociale ;
- la tranche 2 : de 1 à 8 plafonds de la Sécurité sociale.

■ En conséquence, l'arrêté a supprimé, à compter du 1er janvier 2019, les modèles de bulletins différents pour les cadres et les non-cadres au profit d'un **modèle unique** avec indication des tranches 1 et 2 de rémunération.

■ Seule la ligne relative à la contribution APEC subsiste et figure uniquement sur le bulletin des salariés cadres.

C L'impact du prélèvement à la source

■ Le prélèvement à la source est entré en vigueur au 1er janvier 2019. Le bulletin de paie, depuis cette date, comporte les mentions suivantes :
- l'assiette, le taux et le montant de la retenue à la source ;
- la somme qui aurait été versée au salarié en l'absence de retenue à la source.

■ En dessous de l'intitulé « Net à payer avant impôt sur le revenu » figure la nouvelle rubrique « dont évolution de la rémunération liée à la suppression des cotisations salariales chômage et maladie » puis celle consacrée au prélèvement à la source avec la base, le taux et le montant de la retenue.

D La modification d'intitulés

■ Les salariés sont soumis aux cotisations sociales CSG (contribution sociale généralisée) et CRDS (contribution au remboursement de la dette sociale) hormis les apprentis.

■ La rubrique « famille-Sécurité sociale », qui correspondait à la cotisation d'allocations familiales, s'intitule dorénavant « famille ».

■ Concernant la CSG et la CRDS, deux lignes figuraient sur le bulletin de paie simplifié. L'une relative à la CSG non imposable à l'impôt sur le revenu, l'autre relative à la CSG/CRDS imposable à l'impôt sur le revenu. Les mentions « imposable » et « non imposable » sont remplacées par les mentions « déductible » et « non déductible ».

■ Enfin, la rubrique « allégement de cotisations » figurant avant le total des cotisations et contributions s'intitule désormais « exonérations de cotisations employeur » et celle située après le « net payé en euros » devient « allégement de cotisations de l'employeur ».

Modèle de bulletin de paie simplifié pour les salariés non-cadres et cadres depuis le 1er janvier 2019

Cotisations et contributions sociales	Base	Taux salarial	Part salarié	Part employeur
SANTÉ				
Sécurité sociale – Maladie Maternité Invalidité Décès	Valeur			Valeur
Complémentaire Incapacité Invalidité Décès	Valeur			
Complémentaire Santé	Valeur	Valeur	Valeur	Valeur
ACCIDENTS DU TRAVAIL – MALADIES PROFESSIONNELLES				
RETRAITE				
Sécurité sociale plafonnée	Valeur	Valeur	Valeur	Valeur
Sécurité sociale déplafonnée	Valeur	Valeur	Valeur	Valeur
Complémentaire Tranche 1	Valeur	Valeur	Valeur	Valeur
Complémentaire Tranche 2			Valeur	Valeur
Supplémentaire	Valeur	Valeur	Valeur	Valeur
FAMILLE – ASSURANCE CHÔMAGE				
Chômage	Valeur			Valeur
APEC	Valeur	Valeur	Valeur	Valeur
AUTRES CONTRIBUTIONS DUES PAR L'EMPLOYEUR				Valeur
COTISATIONS STATUTAIRES OU PRÉVUES PAR LA CONVENTION COLLECTIVE				
CSG déductible de l'impôt sur le revenu	Valeur	Valeur	Valeur	
CSG/CRDS non déductible de l'impôt sur le revenu	Valeur	Valeur	Valeur	
EXONÉRATIONS DE COTISATIONS EMPLOYEUR				Valeur
TOTAL DES COTISATIONS ET CONTRIBUTIONS				

...

NET À PAYER AVANT IMPÔT SUR LE REVENU			Valeur
Dont évolution de la rémunération liée à la suppression des cotisations salariales chômage et maladie			Valeur
Impôt sur le revenu	**Base**	**Taux personnalisé/ Taux non-personnalisé**	**Montant**
Impôt sur le revenu prélevé à la source	Valeur	Valeur	Valeur
	Net payé en euros		
			Valeur
	Allégement de cotisations de l'employeur		Valeur
	Total versé par l'employeur		Valeur

Source : Journal Officiel, 12 mai 2018

■ Seuls les bulletins de paie remis aux salariés affiliés au régime local d'assurance maladie complémentaire obligatoire des départements du Haut-Rhin, du Bas-Rhin et de la Moselle mentionné à l'article L. 325-1 du Code de la Sécurité sociale, font apparaître les valeurs correspondant aux « Taux salarial » et « Part salarié » de la ligne « Sécurité Sociale-Maladie Maternité Invalidité Décès ».

À savoir

La ligne « Net à payer avant impôt sur le revenu » ainsi que sa valeur doivent utiliser un corps de caractère dont le nombre de points est au moins égal à 1,5 fois le nombre de points du corps de caractère utilisé pour la composition des intitulés des autres lignes.

27 L'établissement des déclarations sociales

Les entreprises sont dans l'obligation de s'affilier auprès d'organismes sociaux comme l'Urssaf (Union de recouvrement des cotisations de la Sécurité sociale et d'allocations familiales), Pôle emploi et les caisses de retraite afin de déclarer les charges sociales salariales et les charges sociales patronales.

1 Les cotisations et les contributions sociales de l'employeur

L'employeur **doit déclarer chaque mois les salaires** de ses employés, à partir desquels sont calculées les **cotisations** et **contributions sociales** à payer. Pour ce faire, il doit respecter un calendrier qui est différent selon les effectifs de l'entreprise et selon la date de versement des salaires.

Déclarations sociales	Cotisations et contributions
◗ Déclaration et paiement des cotisations sociales ◗ Déclaration annuelle des données sociales (DADS) ◗ Déclaration obligatoire d'emploi des travailleurs handicapés (DOETH) ◗ Déclaration des congés spectacles (DCS) ◗ Déclaration pour la retraite complémentaire ◗ Déclaration sociale nominative	◗ Contribution sociale de solidarité des sociétés (C3S) ◗ Contribution solidarité autonomie (CSA) ◗ Forfait social ◗ Versement transport ◗ Contribution patronale au dialogue social ◗ Cotisation au régime de garantie des salaires (AGS)

2 Le fonctionnement de l'Urssaf

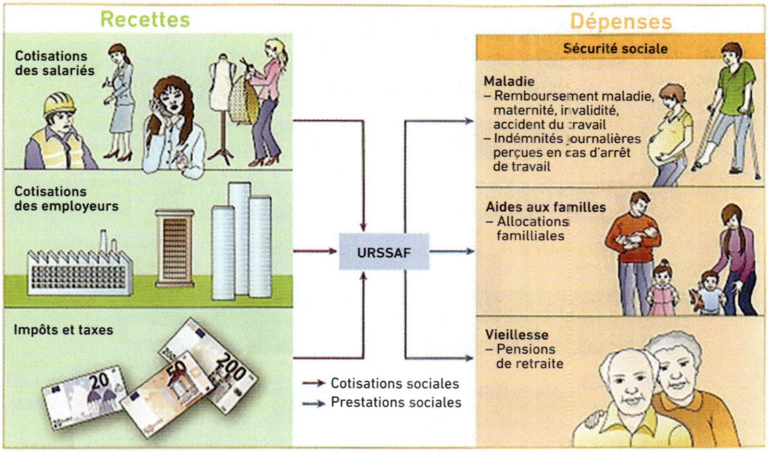

3 Le contrôle Urssaf

- Deux types de contrôles sont possibles :
- le contrôle sur place qui se déroule dans les locaux de l'entreprise ;
- le contrôle sur pièces qui se déroule dans les locaux de l'organisme de recouvrement.

À savoir

Le tribunal des affaires de sécurité sociale (TASS) juge les conflits d'ordre administratif entre les caisses de Sécurité sociale et les usagers.

■ Un contrôle Urssaf respecte les étapes ci-après :

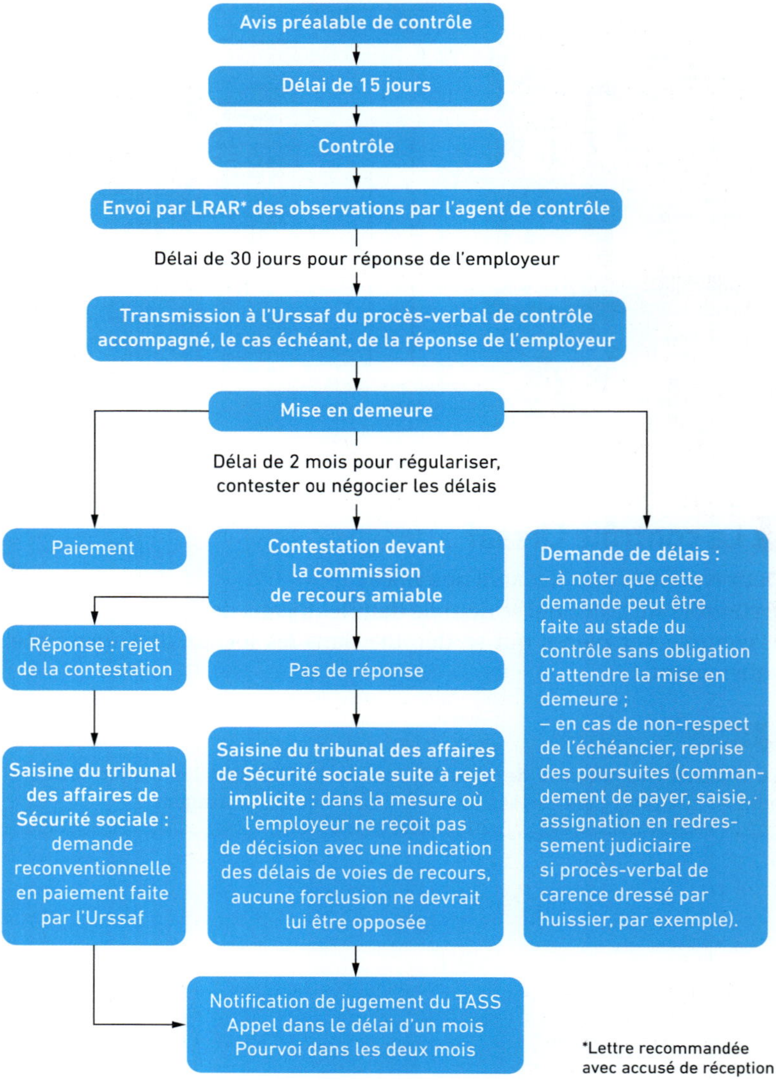

*Lettre recommandée avec accusé de réception

28 Les états préparatoires aux déclarations sociales

Les cotisations sociales et les contributions sociales sont prélevées sur le salaire brut. Elles sont dues par le salarié mais également par l'employeur qui doit déclarer et verser la totalité des cotisations et contributions salariales et patronales aux différents organismes de recouvrement.

1 Le calendrier des déclarations sociales obligatoires

Tout employeur est soumis à des **obligations de déclarations** relatives aux salariés qu'il emploie ou au chiffre d'affaires réalisé par l'entreprise, à différentes échéances : mensuelles, trimestrielles, annuelles ou ponctuelles.

A Les déclarations lors de l'embauche

Déclaration	Objet	Échéance
Déclaration préalable à l'embauche (DPAE)	Déclare à l'Urssaf ou à la MSA (Mutualité sociale agricole) le recrutement d'un salarié	Au plus tôt 8 jours avant l'embauche
Titre emploi-service entreprise (TESE)	Déclare une embauche de façon simplifiée (entreprise de 19 salariés maximum)	Lors de l'embauche

B Les déclarations ponctuelles

Aujourd'hui, la DSN remplace l'**attestation de salaire**, la déclaration de salaires pour les indemnités journalières (**DSIJ**) et la déclaration d'accident de travail ou d'accident de trajet (**DAT**).

À savoir

- La **DSIJ** permet au salarié en congé maladie ou en congé de maternité-paternité de percevoir des indemnités journalières.
- La **DAT** permet de déclarer à la caisse primaire d'assurance maladie (CPAM) l'accident de travail ou de trajet d'un salarié.

C Les déclarations mensuelles ou trimestrielles

Déclaration	Objet	Échéance
Déclaration des rémunérations des VRP multicartes	Déclare les rémunérations versées aux agents commerciaux ou aux représentants de commerce	Chaque trimestre
Attestation employeur mensuelle (AEM)	Déclare la prestation de travail d'un intermittent du spectacle	Avant le 15 du mois suivant le versement de la rémunération
Déclaration des congés spectacles (DCS)	Cotise à la caisse des congés payés des intermittents du spectacle	La périodicité dépend des cotisations versées pour l'exercice précédent
Taxe sur les salaires	Calculée sur les rémunérations versées au cours de l'année (employeur non soumis à la TVA sur la totalité du chiffre d'affaires)	Mensuelle, trimestrielle ou annuelle (en fonction du montant payé l'année précédente)

D Les déclarations annuelles

Déclaration	Objet	Échéance
Déclaration obligatoire d'emploi des travailleurs handicapés (DOETH)	Détaille le nombre d'emplois occupés par des travailleurs handicapés (à partir de 20 salariés à hauteur de 6 % de l'effectif)	En mars-avril de chaque année
Contribution sociale de solidarité des sociétés (C3S)	Finance la protection sociale des artisans, commerçants, etc. (à partir de 19 millions d'€ de chiffre d'affaires)	Avant le 15 mai de chaque année

Déclaration	Objet	Échéance
Participation des employeurs à l'effort de construction (PEEC)	Déclare les investissements directs en faveur du logement des salariés (à partir de 20 salariés ou 50 salariés pour un employeur agricole)	En mai de chaque année
Contribution à la formation professionnelle continue	Finance les actions de formation continue du personnel de l'entreprise et des demandeurs d'emploi	Avant le 1er mars de chaque année

Les **déclarations sociales** imposées pour une entreprise varient selon :
- la taille de la structure ;
- les événements qui se produisent chaque année (recrutements, licenciements, accidents) ;
- les performances.

Il existe en effet des seuils de chiffre d'affaires ou encore des paliers en matière de nombre de salariés qui déclenchent l'obligation de remplir certaines déclarations sociales. Par exemple, la **Participation des employeurs à l'effort de construction** (PEEC) est une déclaration annuelle obligatoire dès lors que l'employeur a au moins 20 salariés.

Focus

Combien de temps faut-il conserver les déclarations sociales ?
Le délai de conservation des déclarations fiscales et sociales est de 3 années civiles suivant celle au titre de laquelle la taxe est devenue exigible. Cependant, le délai est de 5 années pour les déclarations sociales effectuées aux caisses de retraite complémentaire.

2 La déclaration sociale nominative (DSN)

C'est une **démarche de simplification** des formalités à la charge des employeurs vis-à-vis de la protection sociale et de l'administration. Elle **remplace l'ensemble des déclarations périodiques ou événementielles** et **diverses formalités administratives** faites par les employeurs auprès de partenaires comme la CPAM, l'Urssaf, Pôle emploi, le Centre des impôts, les caisses de régimes spéciaux, etc.

A Le fonctionnement

La DSN repose sur la transmission unique, mensuelle et dématérialisée des données issues de la paie et sur des signalements d'événements.

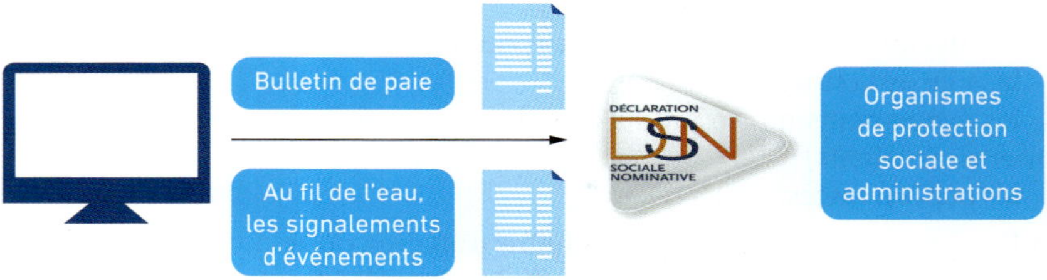

D'après www.dsn-info.fr

B Le remplacement des déclarations sociales

■ **La DSN remplace les déclarations suivantes** :

- déclaration mensuelle de mouvements de main-d'œuvre (DMMO) ;
- déclaration de radiation d'un salarié pour les contrats groupes complémentaires ou supplémentaires (institutions de prévoyance, assurances, mutuelles), remplacée par le signalement « Fin de contrat de travail » dès l'envoi de la DSN ;
- attestation de salaire pour le versement des indemnités journalières maladie, maternité et paternité pour la CNAM et la MSA ;
- attestation employeur pour Pôle emploi (AE) ;
- déclaration unifiée de cotisations sociales (DUCS) destinée à l'Urssaf (dont le bordereau récapitulatif des cotisations) ;
- relevé mensuel de mission des employeurs de travail temporaire (RMM).

■ Avant, les entreprises transmettaient des données multiples à diverses échéances et à différents organismes, globalisées par établissement. Désormais, les employeurs effectuent avec la DSN, à l'issue de la paie, une **transmission mensuelle de données individuelles des salariés** :
- le lieu d'activité et les caractéristiques du contrat de travail ;
- les montants des rémunérations, des cotisations et contributions sociales ;
- la durée de travail retenue ou établie pour la paie de chaque mois ;
- les dates de début et de fin de contrat, de suspension et de reprise du contrat intervenant au cours de ce mois.

■ L'employeur qui ne respecte pas son obligation d'utiliser la DSN pour ses déclarations sociales s'expose à une pénalité mensuelle de 49 € par salarié.

C Le calendrier de mise en place de la DSN

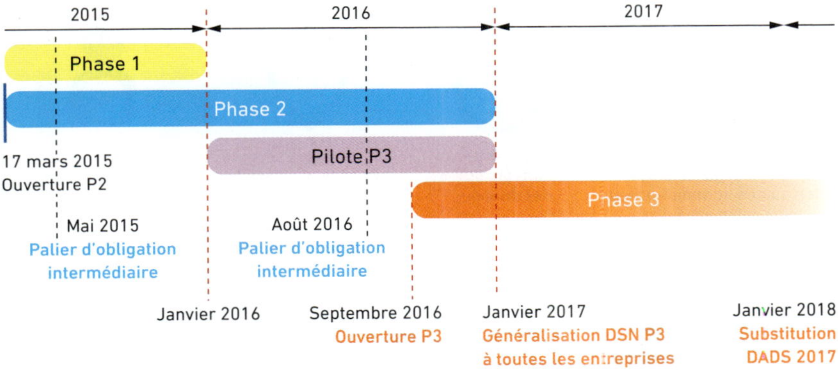

Phase 1
- AE
- DMMO/EMMO
- Attestation de salaire pour le paiement des indemnités journalières
- Formulaires de radiation des contrats complémentaires

Phase 2
- DUCS Urssaf (bordereau récapitulatif des cotisations, tableau récapitulatif)
- Ouverture aux employeurs de travail temporaire (et au relevé mensuel de maison)

Phase 3 (généralisation)
- Autres DUCS (retraite complémentaire, prévoyance...)
- Déclarations de cotisations MSA (BVM, DTS)
- DADS-U (substitution effective à partir de janvier 2018)
- Formalités de régimes spéciaux : IEG, SNCF, aéronautique civile, etc.

D Les avantages

La DSN (déclaration sociale nominative)

La DSN repose sur la transmission unique, mensuelle et dématérialisée des données issues de la paie et la transmission dématérialisée de signalements d'événements.

Objectifs pour les entreprises

- Simplifier les démarches administratives déclaratives
- Dématérialiser le plus grand nombre de déclarations sociales
- Sécuriser les droits des salariés

Objectifs pour les organismes de protection sociale

- Optimiser les procédures
- Contribuer à lutter contre la fraude
- Mieux évaluer les politiques publiques en disposant des données mensuellement

Avantages pour les ENTREPRISES

Simplicité

Une simplification et un allègement des formalités administratives

Temps

Un gain de temps dans la saisie des données

Sécurité

Une meilleure sécurité et fiabilité des données transmises

Identification

Une identification unique pour chaque salarié

Avantages pour les SALARIÉS

Simplicité

Simplification des démarches et assurance de la portabilité des droits

Sécurité

Sécurisation des droits

Confidentialité

Confidentialité renforcée

29 Les budgets et les coûts du personnel

Les budgets de frais de personnel sont établis pour une période (mois ou année), une personne, un poste de travail, une unité de l'entreprise ou l'ensemble de l'entreprise. Ils représentent l'état prévisionnel des comptes, des recettes et des dépenses et peuvent être modifiés ou complétés au cours de l'année.

1 L'élaboration du budget du personnel

A Les charges de personnel

■ Les charges de personnel constituent généralement un élément important et significatif des charges de l'entreprise. Elles sont constituées :
- de l'ensemble des rémunérations ;
- des charges sociales et fiscales liées à ces rémunérations.

■ L'analyse de ce poste est indispensable en raison de son montant souvent élevé. Le suivi budgétaire des charges de personnel revêt donc une importance particulière dans la bonne gestion d'une organisation.

B Les principales composantes du budget du personnel

■ Ces principales composantes sont :
- les **salaires**, décomposés en salaires de base, primes d'ancienneté, primes individuelles ou collectives, heures supplémentaires, gratifications, 13e mois, etc. ;
- les **charges sociales patronales**, assurance vieillesse, invalidité, chômage, prévoyance professionnelle, etc. ;
- les **avantages en nature** ;
- l'**intéressement**, la **participation** ;
- tous les frais qui peuvent leur être rattachés sans qu'ils constituent des rémunérations comme par exemple les **frais de formation**, le **restaurant d'entreprise**, les **sorties d'entreprise**, etc. ;
- la **facturation à des sociétés d'intérim** ou dans une certaine mesure la **sous-traitance**.

■ Il peut être pertinent de ventiler les frais de personnel **selon les types de contrats** en dissociant en particulier les contrats à durée indéterminée de ceux à durée déterminée, ou encore les salaires mensuels des salaires horaires ou à la tâche.

2 Le calendrier budgétaire

Les opérations à réaliser se répartissent sur l'année.

Année N-1 de juin à décembre

Préparation du budget de l'**année N**

Année N de janvier à décembre

1. Suivi du budget de l'année N
2. Analyse des écarts relevés
3. Actions correctives, si besoin

Préparation du budget de l'**année N+1**

3 Le contrôle de gestion des charges du personnel

A Le rapprochement des prévisions et des réalisations

■ Le contrôle de gestion des charges de personnel (masse salariale) consiste à confronter les prévisions de charges aux charges réelles constatées en comptabilité. La comparaison des prévisions avec les réalisations peut faire apparaître :
- des **écarts défavorables** si les charges réelles sont supérieures aux charges prévues ;
- des **écarts favorables** lorsque les charges réelles sont inférieures aux charges prévues.

■ L'écart à la hausse des charges de personnel peut s'expliquer par :
- une **augmentation des taux horaires** et donc des bases de calcul des charges sociales et fiscales ;
- des **majorations** de primes, indemnités, heures supplémentaires, etc. ;
- une **augmentation des taux** des charges retenues et des charges de l'employeur selon l'évolution de la législation sociale.

B L'étude des écarts

Après une analyse des écarts, la direction des Ressources humaines peut prendre des décisions concernant :
- les effectifs ;
- les qualifications ;
- les bilans de compétences ;
- la formation ;
- les actions de reconversion, de perfectionnement du personnel ;
- l'évolution des rémunérations...

Exemple de l'extrait d'un budget du personnel

Budget des charges du personnel			
Mois	**Janvier**		
	Prévu	**Réel**	**Écart en valeur**
Salaires de base	15 000,00	14 800,00	– 200,00
Indemnités de congés payés	1 500,00	1 300,00	– 200,00
Primes d'ancienneté	750,00	700,00	– 50,00
Primes d'intéressement	0,00	0,00	0,00
Heures supplémentaires	1 500,00	1 200,00	– 300,00
Mutuelle	150,00	170,00	20,00
Salaires bruts	18 900,00	18 170,00	– 730,00
Organismes sociaux			
Cotisations sociales salariales	3 436,80	3 336,00	– 100,80
Cotisations sociales patronales	8 832,00	8 702,00	– 130,00
Salaires nets à payer (1)	15 463,20	14 834,00	– 629,20
État			
Taxe d'apprentissage	96,00	76,00	– 20,00
Formation continue	192,00	162,00	– 30,00
Coût total employeur (2)	28 020,00	27 110,00	– 910,00

(1) Salaire net à payer = salaire brut – cotisations sociales salariales
(2) Coût total employeur = salaire brut + cotisations sociales patronales

30 La déductibilité de la TVA sur les frais de déplacements

En France, la TVA est déductible pour les professionnels dès lors que ces frais sont nécessaires au fonctionnement de l'entreprise. La déductibilité est variable en fonction de la nature des frais.

1 Les règles générales liées à la récupération de la TVA

■ Pour que l'entreprise puisse récupérer la TVA sur les notes de frais, il est nécessaire de réunir les conditions suivantes :
- les dépenses doivent avoir été engagées dans l'intérêt de l'entreprise ;
- une facture est à produire au titre de chaque dépense respectant les **règles liées au formalisme des factures** et mentionnant le montant de la TVA payée ;
- la facture doit être libellée au nom de l'entreprise, et non pas au nom du salarié ou du dirigeant ;
- la TVA doit être exigible chez le fournisseur pour que l'entreprise puisse la récupérer.

■ En fonction de la nature de la dépense, les règles liées à l'exigibilité de la TVA sont différentes. Par exemple, sur une prestation de services, le droit à déduction intervient lorsque la prestation est payée.

■ Au besoin, une note de frais doit toujours être appuyée par les **factures originales**, libellées au nom de l'entreprise, afin que celle-ci puisse valablement récupérer la TVA.

■ Certains types de dépenses ne permettent pas de récupérer la TVA.

À savoir

Règles liées au formalisme des factures : la facture doit contenir les nom et adresse du client et du fournisseur, ainsi que le numéro intracommunautaire du fournisseur, le détail de la TVA par taux, le montant de la TVA, du HT, du TTC.

2 Les règles particulières liées à la récupération de la TVA

Trois types de dépenses figurent souvent dans les notes de frais.

A La TVA sur les frais de déplacement

■ Les **dépenses de déplacement** en avion, en bateau et en train ne sont pas assujetties à la TVA. **Aucune TVA déductible** n'est donc à récupérer sur ces dernières.

■ De même, les **indemnités kilométriques** que le dirigeant ou le salarié demande à l'entreprise par le biais des notes de frais ne supportent pas la TVA : il n'y a donc **pas de récupération de TVA** sur ces dépenses.

■ La TVA sur les **dépenses de logement** ne peut pas être récupérée pour la partie qui concerne le dirigeant ou les salariés de l'entreprise. La TVA sur la facture d'hôtel est **uniquement déductible** pour des chambres réservées aux clients.

■ Enfin, la TVA grevant les **dépenses de stationnement** ne peut être récupérée que pour les emplacements réservés aux clients, aux visiteurs ou aux membres du personnel.

■ Pour les **dépenses de péage**, la **TVA est récupérable** lorsque le trajet est fait dans l'intérêt de l'entreprise. Les reçus délivrés aux péages sont considérés comme des factures lorsqu'ils comportent :
- un espace pour que l'usager puisse inscrire son nom (ou raison sociale) ;
- l'adresse (ou siège social) ;
- le numéro d'immatriculation ;
- le nom du chauffeur ;
- l'objet du déplacement.

B La TVA sur les frais de carburant

Il faut faire la distinction entre les **véhicules utilitaires** et les **véhicules de tourisme**.

■ La **TVA peut être récupérée en tout ou partie** lorsque le carburant est du gazole ou du super éthanol E85 :
- la récupération de la TVA s'opère à 100 % si le gazole est acheté pour un véhicule utilitaire ;
- elle ne s'opère qu'à 80 % si le gazole est acheté pour un véhicule de tourisme.

■ Si le carburant est du GPL (gaz de pétrole liquéfié), du propane liquéfié, du butane liquéfié ou du GNV (gaz naturel comprimé), **la TVA peut être récupérée à 100 %**, peu importe le type de véhicule (véhicule de tourisme ou véhicule utilitaire). Lorsque le GPL est à l'état gazeux, la TVA n'est récupérable qu'à 50 % pour les véhicules de tourisme (et à 100 % pour les véhicules utilitaires).

■ Afin de rétablir une égalité entre les deux carburants, l'article 31 de la loi de finances pour 2017 a prévu un alignement sur 5 ans du régime de récupération de la TVA de l'essence sur celui du gazole. L'alignement de la fiscalité en matière de TVA sera total à partir de 2022.

Achat d'essence	Véhicules de tourisme	Véhicules utilitaires
Jusqu'en 2016	0 %	0 %
2017	10 %	0 %
2018	20 %	20 %
2019	40 %	40 %
2020	60 %	60 %
2021	80 %	80 %
À compter de 2022	80 %	100 %

C La TVA sur les frais de réception

■ La TVA sur les frais de réception engagés lors des déplacements professionnels par les salariés ou les dirigeants, même si aucun client n'est invité, est **récupérable**. Il faut donc pouvoir justifier le caractère professionnel de la dépense pour déduire la TVA.

■ Pour récupérer la TVA sur les factures liées aux frais de réception (souvent des restaurants ou des hôtels), il faut que celles-ci :
- mentionnent l'identité et la qualité des bénéficiaires ;
- soient impérativement établies au nom de l'entreprise (et non pas au nom du dirigeant ou du salarié qui avance ces frais).

■ La TVA sur les dépenses de logement ne peut être récupérée que pour la partie qui concerne les partenaires de l'entreprise ou les prospects.

Remarque

Lorsqu'une note de restaurant est inférieure à 150 euros, un ticket de caisse mentionnant le taux et le montant de la TVA, le montant HT et le montant TTC, suffit à exercer le droit à déduction.

Exemple d'une note de restaurant indiquant le taux de TVA

LA GRENOBLOISE

14h02 *N* 18/01/*N* #20
TABLE 22 Serveur 1 CLI. 4

2 MENUS		29,50	59,00
1/2 GAMAY		12,50	
	HT	TVA	TTC
TVA 10%	53,10	5,90	59,00
TVA 20%	10,00	2,50	12,50

TOTAL **71,50 EU**

****

OUVERT DU LUNDI AU SAMEDI
MERCI DE VOTRE VISITE

****

D La TVA sur les autres frais

Il peut enfin arriver que d'autres types de dépenses figurent dans une note de frais, comme par exemple des achats effectués pour l'entreprise, des factures de téléphone… Encore une fois, pour que la TVA puisse être valablement récupérée, il faut impérativement que les **factures justificatives** soient établies au nom de l'entreprise.

Pour aller plus loin

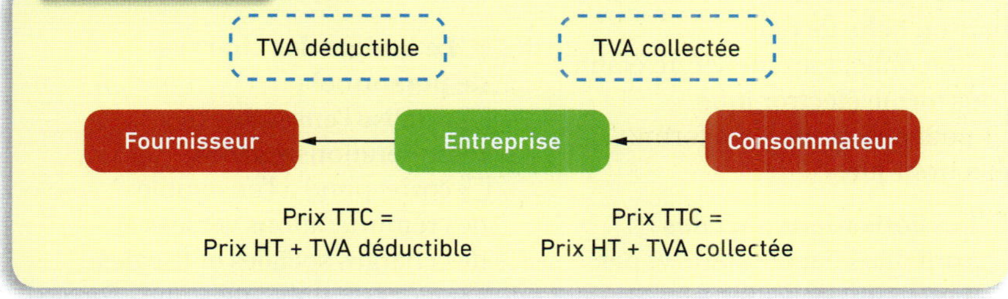

SE TESTER QUIZ Cochez la ou les réponse(s) exacte(s).

1. Le salaire brut :

- ☐ est le salaire perçu par le salarié avant déduction des cotisations obligatoires.
- ☐ correspond à la rémunération perçue par le salarié déduction faite des cotisations obligatoires.
- ☐ comprend le salaire de base et des compléments de rémunération.

2. Le taux horaire brut est calculé de la manière suivante :

- ☐ salaire brut mensuel/35 h.
- ☐ salaire brut mensuel/151,67 h.
- ☐ en référence à une durée moyenne de 151,67 h par mois.

3. Le salaire net :

- ☐ est la rémunération effectivement perçue par le salarié.
- ☐ correspond au salaire brut moins les cotisations obligatoires.
- ☐ sert de base pour le calcul de l'impôt sur le revenu.

4. Le bulletin de salaire :

- ☐ est également appelé bulletin de paie ou fiche de paie.
- ☐ doit obligatoirement être établi sous forme électronique.
- ☐ peut être établi sous forme électronique.

5. Les cotisations sociales :

- ☐ sont dues par le salarié et par l'employeur.
- ☐ sont à la charge de l'employeur exclusivement.
- ☐ sont déclarées par l'employeur à l'Urssaf.

6. La déclaration sociale nominative (DSN) :

- ☐ remplace et simplifie les anciennes déclarations sociales.
- ☐ reste pour l'instant facultative.
- ☐ repose sur la transmission unique, mensuelle et dématérialisée des données de la paie.

7. Parmi les organismes sociaux collecteurs, on trouve :

- ☐ l'Urssaf.
- ☐ Pôle Emploi.
- ☐ les organismes de retraite complémentaire.

8. L'Urssaf :

- ☐ désigne l'Union de recouvrement des cotisations de la Sécurité sociale et d'allocations familiales.
- ☐ est un organisme de placement des chômeurs.
- ☐ collecte les cotisations et les contributions sociales.

9. Le budget des charges de personnel :

- ☐ totalise l'ensemble des rémunérations versées.
- ☐ correspond à l'ensemble des rémunérations versées et des charges sociales et fiscales.
- ☐ peut être présenté sous la forme d'un tableau.

10. Le contrôle de gestion des charges de personnel :

☐ consiste à comparer les prévisions de charges aux charges réelles.

☐ est utile à la gestion de l'entreprise.

☐ est un outil de gestion et de management pour le DRH.

À VOUS DE JOUER ! La préparation du budget du personnel

1. Déterminez la retenue sur salaire de M. Gilles, absent 3 jours de la société pour raison personnelle, à l'aide du document ci-dessous.
Précisez le montant à prendre en compte après avoir appliqué les deux méthodes de calcul.

- Salaire mensuel de base de M. Gilles : 2 350,00 €
- Durée hebdomadaire : 35 heures réparties comme suit :

Lundi	Mardi	Mercredi	Jeudi	Vendredi
7 h	7,5 h	7 h	7,5 h	6 h

- Absences : mardi, mercredi et jeudi
- Horaire mensuel réel de travail : 20,5 heures pour la première semaine du mois + 35 heures pour les 4 autres semaines
- Nombre réel de jours ouvrés du mois : 23 jours

Méthode de l'horaire réel	Méthode des jours ouvrés

L'élaboration du budget du personnel

2. Complétez le budget du personnel à l'aide du document ci-dessous.

- Effectifs de l'entreprise : 9 salariés
- Taux horaire d'une heure supplémentaire (HS) : 14,00 €
- 17 600,00 € de salaires réels versés en mars
- 1 salarié en accident du travail pendant 15 jours
- 150 HS prévues
- + 75 HS pour pallier les absences du salarié en congés payés et celui en accident du travail
- Primes inchangées
- ¼ de congés payés supplémentaires au mois de mars
- Nouvelle mutuelle : participation de l'employeur pour la mutuelle : 60,00 € par salarié
- 22 % de cotisations sociales salariales
- 42 % de cotisations sociales patronales

Budget du personnel – Mars				
Dépenses	**Prévu**	**Réel**	**Écart en €**	**Écart en %**
Salaires de base	18 000,00 €			
Heures supplémentaires	2 100,00 €			
Primes d'ancienneté	100,00 €			
Indemnités de congés payés	225,00 €			
Mutuelle	810,00 €			
Cotisations sociales salariales	4 493,50 €			
Cotisations sociales patronales	8 578,50 €			
Totaux	**34 307,00 €**			

MOTS CROISÉS

Complétez la grille à l'aide des définitions.

A Base de calcul à la déclaration de l'impôt sur le revenu.

B Ensemble des sommes versées en échange d'un travail.

C État prévisionnel des dépenses et des recettes.

D Dernière étape simplifiée du traitement de la paie.

E Rémunération effectivement perçue par le salarié.

F Salaire perçu en fin de mois.

G Documents comptables prouvant l'achat ou la vente d'un bien.

1 Salaire avant déduction des cotisations obligatoires.
2 Prélèvement obligatoire sur le salaire.
3 Charges salariales et patronales déduites du salaire.
4 Organisme chargé du recouvrement des cotisations sociales.
5 Avance sur salaire.
6 Impôt indirect sur les dépenses de consommation.
7 Action de retrancher une somme d'un total à payer.

OBJECTIF BAC

Vous travaillez en qualité d'assistant(e) de gestion au sein du service comptable de l'entreprise **Garage Caravaning**, spécialisée dans l'entretien et la réparation de véhicules automobiles légers et la location et la vente de camping-cars et de caravanes. L'effectif de la société est de 9 salariés. Le chef de service, Florian Giret, vous demande de traiter plusieurs dossiers.

DOSSIER 1

Vous êtes chargé(e) d'effectuer les calculs relatifs à la préparation de deux bulletins de salaire.
Vous avez à votre disposition :
- le barème kilométrique publié par l'administration fiscale (doc. 1) ;
- les relevés d'heures de Mme Sierra (doc. 2) et de M. Moreno (doc. 3) ;
- des renseignements fournis par M. Giret sur les salariés (doc. 4 et 5).

Travail à effectuer

1. Complétez les doc. 2 et 3.
2. Calculez le salaire brut de Mme Sierra et de M. Moreno, à l'aide du doc. 6 et du doc. 7.

Doc. 1 Barème des indemnités kilométriques applicables aux voitures (en euros)

Puissance administrative	Jusqu'à 5 000 km	De 5 001 km à 20 000 km	Au-delà de 20 000 km
3 CV et moins	d × 0,41	(d × 0,245) + 824	d × 0,286
4 CV	d × 0,493	(d × 0,277) + 1 082	d × 0,332
5 CV	d × 0,543	(d × 0,305) + 1 188	d × 0,364
6 CV	d × 0,568	(d × 0,320) + 1 244	d × 0,382
7 CV et plus	d × 0,595	(d × 0,337) + 1 288	d × 0,401

Dans ce tableau, d représente la distance parcourue en kilomètres.

Doc. 2 Relevé d'heures de Mme Sierra

Salarié(e) : Romane Sierra				
Semaine du mois de mars	Heures travaillées	Heures normales	Heures sup. à 25 %	Heures sup. à 50 %
Du 27/02/N au 05/03/N	35			
Du 06/03/N au 12/03/N	38			
Du 13/03/N au 19/03/N	35			
Du 20/03/N au 26/03/N	45			
Du 27/03/N au 31/03/N	36,5			

Doc. 3 Relevé d'heures de M. Moreno

Salarié(e) : Paul Moreno				
Semaine du mois de mars	Heures travaillées	Heures normales	Heures sup. à 25 %	Heures sup. à 50 %
Du 27/02/N au 05/03/N	36			
Du 06/03/N au 12/03/N	45			
Du 13/03/N au 19/03/N	40			
Du 20/03/N au 26/03/N	35			
Du 27/03/N au 31/03/N	35			

Doc. 4 Mémo sur Mme Sierra

- Mme Sierra est employée en CDI sur la base de 35 heures par semaine pour un salaire de base de 2 200,00 € brut ;
- Elle est commerciale et se déplace régulièrement sur toute la Bourgogne ;
- Ce mois-ci, elle a droit à des indemnités kilométriques sur la base de 2 150 km effectués. Son véhicule a une puissance administrative de 5 CV.

Doc. 5 Mémo sur M. Moreno

- M. Moreno est employé en CDI sur la base de 35 heures par semaine pour un salaire de base de 1 800,32 € brut ;
- Il est mécanicien, nous lui avons versé un acompte de 300,00 € ce mois-ci ;
- Ne pas oublier de lui compter sa prime d'ancienneté : 6 % sur le salaire de base ;
- Convention collective applicable : Services de l'automobile ;
- M. Moreno touchera son salaire par virement au 31/03.

Doc. 6 Calcul du salaire brut de Mme Sierra

Éléments	Calcul	Montant
Salaire de base		
+ HS à + 25 %		
+ HS à + 50 %		
+ Prime d'ancienneté		
– Retenues pour absences		
+ Indemnité de congés payés		
= Salaire brut		

Doc. 7 Calcul du salaire brut de M. Moreno

Éléments	Calcul	Montant
Salaire de base		
+ HS à + 25 %		
+ HS à + 50 %		
+ Prime d'ancienneté		
– Retenues pour absences		
+ Indemnité de congés payés		
= Salaire brut		

DOSSIER 2

Vous êtes chargé(e) d'établir le bulletin de salaire du mois de mars de M. Moreno.
Vous avez à votre disposition :
- la fiche du salarié (doc. 8) ;
- des renseignements sur M. Moreno (doc. 5) ;
- les calculs du salaire brut de M. Moreno (doc. 7).

Travail à effectuer

Complétez le bulletin de paie de M. Moreno (doc. 9).

Doc. 8 Fiche « salarié » (extrait)

Informations sur le salarié(e)			
Civilité	Madame ☐ Monsieur ☒	Nom : MORENO	Prénom : Paul
Adresse : 13 rue Pierre Deliry			N° appart.
Ville : CHALON SUR SAÔNE		Département : 71	CP : 71100
Date de naissance : 29/04/1970		Lieu de naissance : Chagny	
Téléphone : 03 85 48 15 09		Adresse électronique : paul.moreno@hotmail.fr	
N° de sécurité sociale : 17071231191		Situation familiale : Marié	Nbre d'enfants : 4

Emploi du salarié(e)		
Date d'embauche :	15/04/1995	
Emploi : Mécanicien	Catégorie : Employé	
Nature du contrat : CDI	Temps de travail : TC	Salaire de base mensuel : 1 800,32 €
Durée hebdomadaire : 35 h	Durée moyenne mensuelle : 151,67 h	

Doc. 9 Bulletin de M. Moreno (en-tête)

BULLETIN DE PAIE (NON CADRE)	
Période : du 01/03 au 31/03/n	Nom et adresse de l'employeur : SARL Dubois – Garafe CARAVANING Etablissement : Code NAF : 4520A N° SIRET : 44182633600030 Nom organisme sécurité sociale : CPAM de Saône et Loire N° organisme sécurité sociale : 711 Nom et prenom du salarié : Adresse du salarié :
Nom et prénom du salarié : N° sécurité sociale : Emploi : Date d'entrée : Convention collective applicable :	

Désignation	Base	Taux	Montant
Heures au taux normal Heures supplémentaires à 25 % Heures supplémentaires à 50 % Primes Avantages en nature – Absence congés payés + Indemnités congés payés			
TOTAL RÉMUNÉRATION BRUTE (A)			

Plafond SS : 3 377,00 €

(...)

Doc. 9 **Bulletin de M. Moreno (corps) – suite**

Cotisations et contributions sociales	Base	Taux salarial	Part salarié	Part employeur
SANTÉ				
Sécurité sociale – Maladie Maternité Invalidité Décès	2 151,72			279,72
Complémentaire Incapacité Invalidité Décès	2 151,72	1,00	...	43,03
Complémentaire Santé (mutuelle)	2 151,72	1,76	...	8,82
ACCIDENTS DU TRAVAIL – MALADIES PROFESSIONNELLES	2 151,72			68,86
– RETRAITE				
Sécurité sociale plafonnée	2 151,72	6,90	...	183,97
Sécurité sociale déplafonnée	2 151,72	0,40	...	40,88
Complémentaire Tranche 1	2 151,72	4,03	...	130,61
Complémentaire Tranche 2			0,00	0,00
Supplémentaire			0,00	0,00
FAMILLE – ASSURANCE CHÔMAGE	2 151,72			74,23
Chômage	2 151,72			90,37
APEC				
AUTRES CONTRIBUTIONS DUES PAR L'EMPLOYEUR	2 151,72			66,62
COTISATIONS STATUTAIRES OU PRÉVUES PAR LA CONVENTION COLLECTIVE	2 151,72			0,65
CSG déductible de l'impôt sur le revenu	2 170,85	6,80	...	
CSG/CRDS non déductible de l'impôt sur le revenu	2 170,85	2,90	...	
EXONÉRATIONS DE COTISATIONS EMPLOYEUR				– 236,74
TOTAL DES COTISATIONS ET CONTRIBUTIONS			...	...
NET À PAYER AVANT IMPÔT SUR LE REVENU				...
Dont évolution de la rémunération liée à la suppression des cotisations salariales chômage et maladie				31,20

Impôt sur le revenu	Base	Taux personnalisé/ Taux non-personnalisé	Montant
Impôt sur le revenu prélevé à la source	1 936,55	4,5	...
	Net payé en euros		
			...
	Allégement de cotisations de l'employeur		– 236,74
	Total versé par l'employeur		2 902,75

SE TESTER

1. Le salaire brut :

- ☑ est le salaire perçu par le salarié avant déduction des cotisations obligatoires.
- ☑ comprend le salaire de base et des compléments de rémunération.

2. Le taux horaire brut est calculé de la manière suivante :

- ☑ salaire brut mensuel/151,67 h.
- ☑ en référence à une durée moyenne de 151,67 h par mois.

3. Le salaire net :

- ☑ est la rémunération effectivement perçue par le salarié.
- ☑ correspond au salaire brut moins les cotisations obligatoires.
- ☑ sert de base pour le calcul de l'impôt sur le revenu.

4. Le bulletin de salaire :

- ☑ est également appelé bulletin de paie ou fiche de paie.
- ☑ peut être établi sous forme électronique.

5. Les cotisations sociales :

- ☑ sont dues par le salarié et par l'employeur.
- ☑ sont déclarées par l'employeur à l'Urssaf.

6. La déclaration sociale nominative (DSN) :

- ☑ remplace et simplifie les anciennes déclarations sociales.
- ☑ repose sur la transmission unique, mensuelle et dématérialisée des données de la paie.

7. Parmi les organismes sociaux collecteurs, on trouve :

- ☑ l'Urssaf.
- ☑ Pôle Emploi.
- ☑ les organismes de retraite complémentaire.

8. L'Urssaf :

- ☑ désigne l'Union de recouvrement des cotisations de la Sécurité sociale et d'allocations familiales.
- ☑ collecte les cotisations et les contributions sociales.

9. Le budget des charges de personnel :

- ☑ correspond à l'ensemble des rémunérations versées et des charges sociales et fiscales.
- ☑ peut être présenté sous la forme d'un tableau.

10. Le contrôle de gestion des charges de personnel :

- ☑ consiste à comparer les prévisions de charges aux charges réelles.
- ☑ est utile à la gestion de l'entreprise.
- ☑ est un outil de gestion et de management pour le DRH.

À VOUS DE JOUER !

1. La préparation du budget du personnel

Méthode de l'horaire réel	Méthode des jours ouvrés
2 350,00 × 20,5/(20,5 + (35 × 4)) = **300,16 €**	2 350,00 × 3/23 = **306,52 €**

M. Gilles aura donc une retenue sur salaire de 300,16 €, selon la méthode de l'horaire réel qui est la plus favorable au salarié et qui est la seule validée par la jurisprudence. La méthode des jours ouvrés est utilisée par les entreprises quand elle est plus favorable au salarié.

2. L'élaboration du budget du personnel

Budget du personnel – Mars				
Dépenses	**Prévu**	**Réel**	**Écart en €**	**Écart en %**
Salaires de base	18 000,00 €	17 600,00 €	– 400,00 €	– 2,22 %
Heures supplémentaires	2 100,00 €	3 150,00 €	+ 1 050,00 €	+ 50 %
Primes d'ancienneté	100,00 €	100,00 €	–	–
Indemnités de congés payés	225,00 €	281,25 €	+ 56,25 €	+ 25 %
Mutuelle	810,00 €	540,00 €	– 270,00 €	– 33,33 %
Cotisations sociales salariales	4 493,50 €	4 648,88 €	+ 155,38 €	+ 3,46 %
Cotisations sociales patronales	8 578,50 €	8 875,13 €	+ 296,63 €	+ 3,46 %
Totaux	34 307,00 €	35 195,26 €	+ 888,26 €	+ 2,59 %

MOTS CROISÉS

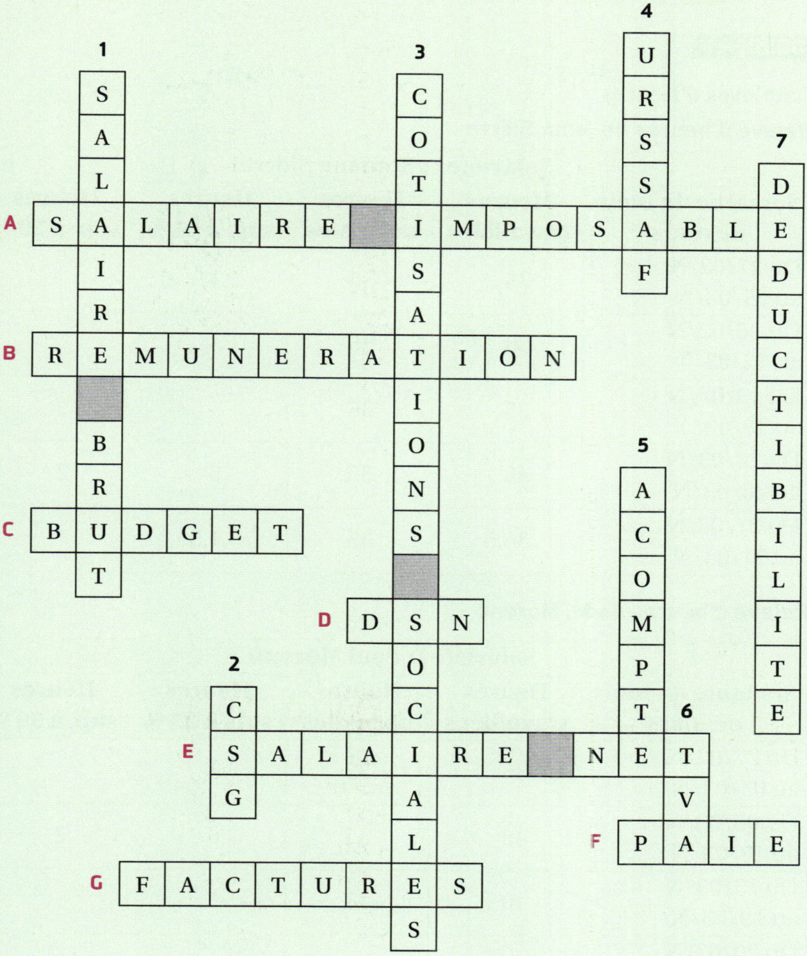

OBJECTIF BAC

DOSSIER 1

1. Relevés d'heures

Relevé d'heures de Mme Sierra

Salarié(e) : Romane Sierra				
Semaine du mois de mars	**Heures travaillées**	**Heures normales**	**Heures sup. à 25 %**	**Heures sup. à 50 %**
Du 27/02/N au 05/03/N	35	35	-	
Du 06/03/N au 12/03/N	38	35	3	
Du 13/03/N au 19/03/N	35	35	-	
Du 20/03/N au 26/03/N	45	35	8	2
Du 27/03/N au 31/03/N	36,5	35	1,5	

Relevé d'heures de M. Moreno

Salarié(e) : Paul Moreno				
Semaine du mois de mars	**Heures travaillées**	**Heures normales**	**Heures sup. à 25 %**	**Heures sup. à 50 %**
Du 27/02/N au 05/03/N	36	35	1	
Du 06/03/N au 12/03/N	45	35	8	2
Du 13/03/N au 19/03/N	40	35	5	
Du 20/03/N au 26/03/N	35	35	-	
Du 27/03/N au 31/03/N	35	35	-	

2. Salaires bruts perçus

Calcul du salaire brut de Mme Sierra

Éléments	Calcul	Montant
Salaire de base		2 200,00 €
+ HS à + 25 %	2 200,00 €/151,67 heures = 14,51 € 14,51 × 1,25 = 18,14 € 18,14 € × 12,5 h= 226,75 €	226,75 €
+ HS à + 50 %	14,51 × 1,50 = 21,77 € 21,77 € × 2 heures = 43,54 €	43,54 €
+ Prime d'ancienneté		
– Retenues pour absences		
+ Indemnité de congés payés		
= Salaire brut		2 470,29 €

Les indemnités kilométriques de Mme Sierra s'élèveront à : 2 150 km × 0,553 = 1 188,95 €. Elles ne font pas partie du salaire brut. Elles viennent s'ajouter au salaire net après retenues et se positionnent avant le net à payer.

Calcul du salaire brut de M. Moreno

Éléments	Calcul	Montant
Salaire de base		1 800,32 €
+ HS à + 25 %	1 800,32 €/151,67 heures = 11,87 € 11,87 × 1,25 = 14,84 € 14,84 € × 14 heures = 207,76 €	207,76 €
+ HS à + 50 %	11,87 × 1,50 = 17,81 € 17,81 € × 2 h = 35,62 €	35,62 €
+ Prime d'ancienneté	1 800,32 € × 6/100 = 108,02 €	108,02 €
– Retenues pour absences		
+ Indemnité de congés payés		
= Salaire brut		2 151,72 €

L'acompte de 300,00 € de M. Moreno vient se soustraire au salaire net après retenues et se positionne avant le net à payer.

DOSSIER 2

Bulletin de M. Moreno

BULLETIN DE PAIE (NON CADRE)	
Période : du 01/03 au 31/03/n	Nom et adresse de l'employeur : SARL Dubois – Garafe CARAVANING Etablissement : Code NAF : 4520A N° SIRET : 44182633600030 Nom organisme sécurité sociale : CPAM de Saône et Loire N° organisme sécurité sociale : 711 Nom et prenom du salarié : Paul MORENO Adresse du salarié : 13 rue Pierre Deliry, 71100 Chalon sur Saône
Nom et prénom du salarié : Paul MORENO N° sécurité sociale : 17071231191 Emploi : mécanicien Date d'entrée : 15/04/1955 Convention collective applicable : Service de l'automobile	

Désignation	Base	Taux	Montant
Heures au taux normal	151,67	11,87	1 800,32 €
Heures supplémentaires à 25 %	14	14,84	207,76 €
Heures supplémentaires à 50 %	2	17,81	35,62 €
Primes	1 800,32	6 %	108,02 €
Avantages en nature	0	0	0,00 €
– Absence congés payés	0	0	0,00 €
+ Indemnités congés payés	0	0	0,00 €
TOTAL RÉMUNÉRATION BRUTE (A)			2151,72 €

Plafond SS :
3 377,00 €

(...)

(...)

Cotisations et contributions sociales	Base	Taux salarial	Part salarié	Part employeur
SANTÉ				
Sécurité sociale – Maladie Maternité Invalidité Décès	2 151,72			279,72
Complémentaire Incapacité Invalidité Décès	2 151,72	1,00	21,52	43,03
Complémentaire Santé (mutuelle)	2 151,72	1,76	37,87	8,82
ACCIDENTS DU TRAVAIL – MALADIES PROFESSIONNELLES – RETRAITE	2 151,72			68,86
Sécurité sociale plafonnée	2 151,72	6,90	148,47	183,97
Sécurité sociale déplafonnée	2 151,72	0,40	8,61	40,88
Complémentaire Tranche 1	2 151,72	4,03	86,71	130,61
Complémentaire Tranche 2			0,00	0,00
Supplémentaire			0,00	0,00
FAMILLE – ASSURANCE CHÔMAGE	2 151,72			74,23
Chômage	2 151,72			90,37
APEC				
AUTRES CONTRIBUTIONS DUES PAR L'EMPLOYEUR	2 151,72			66,62
COTISATIONS STATUTAIRES OU PRÉVUES PAR LA CONVENTION COLLECTIVE	2 151,72			0,65
CSG déductible de l'impôt sur le revenu	2 170,85	6,80	147,62	
CSG/CRDS non déductible de l'impôt sur le revenu	2 170,85	2,90	62,95	
EXONÉRATIONS DE COTISATIONS EMPLOYEUR				– 236,74
TOTAL DES COTISATIONS ET CONTRIBUTIONS			513,75	751,03
NET À PAYER AVANT IMPÔT SUR LE REVENU				1 637,97
Dont évolution de la rémunération liée à la suppression des cotisations salariales chômage et maladie				31,20

Impôt sur le revenu	Base	Taux personnalisé/ Taux non-personnalisé	Montant
Impôt sur le revenu prélevé à la source	1 936,55	4,5	87,14
	Net payé en euros		
			1 550,83
	Allègement de cotisations de l'employeur		– 236,74
	Total versé par l'employeur		2 902,75

PARTIE 4

Gestion administrative des relations sociales

FICHES

Suivi administratif des obligations liées aux instances représentatives du personnel

Préparation des tableaux de bord, des indicateurs sociaux

Participation à la mise en œuvre de procédures relevant de la santé et de la sécurité

Participation à la mise en place d'activités sociales et culturelles

31 L'élection de la délégation du personnel du CSE

Le comité social et économique (CSE) fusionne, dans toutes les organisations à partir de 2020, l'ensemble des instances représentatives du personnel (IRP).

1 La composition du CSE

- Le comité social et économique comprend :
- l'**employeur** ;
- une **délégation du personnel** comportant un nombre égal de membres titulaires et suppléants, déterminé selon l'effectif de l'entreprise.

- Dans les entreprises de moins de 300 salariés, le **délégué syndical** est, de droit, représentant syndical au CSE.

- Dans les entreprises d'au moins 300 salariés, les organisations syndicales représentatives de l'entreprise peuvent nommer un **représentant syndical au CSE** choisi parmi les salariés de l'entreprise qui dispose d'une voix consultative.

2 Les attributions du CSE

- **Dans les entreprises de 11 à 49 salariés**, les membres de la délégation du personnel au CSE exercent les attributions suivantes :
- présentation à l'employeur des réclamations individuelles ou collectives relatives aux salaires, à l'application du Code du travail et des autres dispositions légales (protection sociale, conventions et accords applicables à l'entreprise…) ;
- contribution à la promotion de la santé, de la sécurité et des conditions de travail et réalisation d'enquêtes sur les accidents du travail ou maladies professionnelles ;
- saisie de l'inspection du travail de toutes les plaintes et observations relatives à l'application des dispositions légales dont ils sont chargés d'assurer le contrôle.

- **Dans les entreprises d'au moins 50 salariés**, la délégation du personnel exerce également les missions suivantes :

- expression collective des salariés dans les décisions relatives à la gestion et à l'évolution économique et financière de l'entreprise, à l'organisation du travail, à la formation professionnelle et aux techniques de production ;
- information et consultation sur les questions relatives à l'organisation et la gestion de l'entreprise, les mesures liées aux effectifs, à l'organisation économique ou juridique, aux conditions d'emploi et de travail (durée du travail, formation professionnelle), à l'introduction de nouvelles technologies, aux aménagements modifiant les conditions de santé et de sécurité ou les conditions de travail...

3 Les conditions de l'élection

L'employeur est tenu d'organiser l'élection des membres du CSE dans les structures d'au moins 11 salariés.

A La durée du mandat

■ Les membres de la délégation du personnel du CSE (titulaires et suppléants) sont **élus pour un mandat de 4 ans**, la durée pouvant être réduite à 2 ou 3 ans par accord collectif.

■ Le nombre de mandats successifs est limité à trois, excepté notamment :
- dans les entreprises de moins de 50 salariés ;
- dans les entreprises dont l'effectif est compris entre 50 et 300 salariés si le protocole d'accord préélectoral en stipule autrement.

Mot-clé

Le **suppléant** est le membre élu d'une institution représentative du personnel dont la fonction est de remplacer un membre titulaire en cas d'absence ou d'empêchement.

B Les électeurs et les candidats

■ Les **électeurs** : tous les salariés âgés de 16 ans révolus, ayant au moins 3 mois d'ancienneté dans l'entreprise, titulaires de leurs droits civiques.

■ Les **candidats** (salariés éligibles) : personnes majeures ayant une ancienneté d'au moins 1 an dans l'entreprise, sans lien de parenté avec l'employeur.

C Le nombre d'élus

Le nombre de membres de la délégation du personnel du CSE est fixé par l'article L. 2314-1 du Code du travail, compte tenu du nombre de salariés présents dans l'entreprise ou dans l'établissement distinct. Ce nombre peut toutefois être modifié, à la hausse comme à la baisse, par le protocole d'accord préélectoral.

Composition de la délégation du personnel du CSE et heures de délégation accordées (extrait)

Effectif de l'entreprise	Nombre de titulaires	Heures de délégation par titulaire
de 11 à 24 salariés	1 titulaire	10 heures
de 25 à 49 salariés	2 titulaires	10 heures
de 50 à 74 salariés	4 titulaires	18 heures
de 75 à 99 salariés	5 titulaires	19 heures
de 100 à 124 salariés	6 titulaires	21 heures
de 200 à 249 salariés	10 titulaires	22 heures
de 500 à 599 salariés	13 titulaires	24 heures
de 1 000 à 1 249 salariés	17 titulaires	24 heures
de 2 500 à 2 999 salariés	24 titulaires	26 heures
de 6 000 à 6 749 salariés	31 titulaires	29 heures
de 8 250 à 8 999 salariés	33 titulaires	32 heures
À partir de 10 000 salariés	35 titulaires	32 heures

À savoir

Pour l'exercice de leurs fonctions, les membres du CSE bénéficient d'un **crédit d'heures de délégation mensuel** payées par l'employeur.
Néanmoins, certaines activités du CSE, également payées comme du temps de travail effectif par l'employeur, ne s'imputent pas sur le crédit d'heures de délégation. Il s'agit notamment du temps passé :
- aux réunions du CSE, de la commission santé, sécurité et conditions de travail et des autres commissions ;
- aux enquêtes menées après un accident du travail grave ou des incidents répétés ayant révélé un risque grave ou une maladie professionnelle ;
- à la recherche de mesures préventives dans toute situation d'urgence et de gravité, notamment lors de la mise en œuvre de la procédure de danger grave et imminent ;
- à la formation en santé, sécurité et conditions de travail et à la formation économique des membres du CSE.

32 L'organisation des élections professionnelles

L'employeur a l'obligation d'informer le personnel et de négocier un protocole d'accord préélectoral avec les organisations syndicales concernées, faute de quoi il s'expose à des sanctions pénales.

1 L'information du personnel

L'employeur est tenu d'informer le personnel des élections professionnelles par tout moyen (affichage, note, intranet...) :

- **communication de la date envisagée du premier tour** des élections au plus tard le 90e jour suivant la diffusion de l'information ;
- **invitation** adressée par courrier aux **organisations syndicales représentatives** pour négocier le protocole d'accord préélectoral et établir la liste des candidats.

2 La négociation

A L'objet du protocole d'accord préélectoral

La **négociation du protocole d'accord préélectoral** avec la ou les organisations syndicales concernées porte sur les points suivants :

- nombre et composition des collèges électoraux ;
- répartition du personnel dans les collèges ;
- répartition des sièges à pourvoir dans les collèges ;
- modalités d'organisation et de déroulement des opérations électorales (date et heure du scrutin, propagande, moyens matériels, date limite de dépôts des candidatures, constitution du bureau de vote...).

B La validité du protocole

■ Pour être reconnu valide, le protocole doit être signé par les organisations syndicales ayant participé à la négociation.

■ L'employeur peut organiser les élections de **manière unilatérale**, après

À savoir

La loi impose l'alternance femmes/hommes sur les listes de candidats sous peine de nullité des élections.

avoir saisi la Direction régionale des entreprises, de la concurrence, de la consommation, du travail et de l'emploi (Direccte) pour la répartition du personnel et des sièges, dans les cas suivants :
- aucune organisation syndicale n'a répondu à l'invitation de l'employeur ;
- aucun accord n'a pu être trouvé entre les partenaires sociaux.

3 L'affichage des listes électorales

■ Une fois le protocole d'accord préélectoral établi, l'employeur doit **afficher les listes électorales** au moins 4 jours avant la date de l'élection.

■ Les mentions indispensables à la vérification de la qualité d'électeurs des salariés inscrits doivent figurer sur les listes, à savoir :
- les **nom** et **prénom** des électeurs ;
- leur **date d'entrée dans l'entreprise** ;
- leur **lieu** et **date de naissance**.

4 L'établissement des listes de candidats

■ Les listes sont présentées par collège et ne doivent comporter que des salariés électeurs dans le collège. Elles ne peuvent prévoir plus de candidats que de sièges à pourvoir mais sans qu'un minimum soit exigé.

■ Les listes de candidats sont distinctes pour les titulaires et les suppléants et doivent respecter la parité femmes/hommes.

■ Le Code du travail ne fixe pas de délai de dépôt de candidatures. C'est donc au protocole d'accord préélectoral qu'il revient en général de le déterminer. En l'absence de protocole d'accord préélectoral, le dépôt des listes est en principe recevable jusqu'au jour des élections.

Pour aller plus loin

▸ L'élection des représentants du personnel est organisée distinctement par collèges électoraux :
– 1er collège : ouvriers et employés ;
– 2e collège : ingénieurs, chefs de service, techniciens, agents de maîtrise et assimilés.

▸ **Mode de scrutin** : scrutin de liste avec attribution des sièges à la représentation proportionnelle à la plus forte moyenne.

33 Le déroulement des élections professionnelles

L'employeur doit mettre à la disposition des électeurs les moyens matériels nécessaires pour leur permettre de voter et pour garantir la liberté et la sincérité du vote : fourniture des bulletins de vote et des enveloppes, établissement des listes d'émargement, mise en place des isoloirs, des urnes...

1 Les modalités de vote

■ Le vote a lieu à la date fixée dans le protocole préélectoral, pendant le temps de travail.

■ Le vote par procuration est interdit.

■ Le **vote par correspondance** est possible si la convention collective ou le protocole d'accord préélectoral le prévoient, pour les salariés absents, en déplacement ou à horaires particuliers.

À savoir

Le bureau de vote organisé par collège électoral assure la surveillance du bon déroulement du scrutin. Il consigne dans un procès-verbal les observations jugées utiles.

■ Le **vote électronique** sur le lieu de travail ou à distance est autorisé sous certaines conditions. L'employeur doit alors :
- mettre en place une cellule d'assistance technique, chargée de veiller au bon déroulement du vote ;
- informer les organisations syndicales des formalités déclaratives auprès de la CNIL ;
- mettre à disposition des salariés une notice d'information ;
- proposer une formation sur le système de vote électronique.

À savoir

Seul le tribunal d'instance est compétent pour tout litige relatif à l'organisation des élections professionnelles.

2 Le déroulement du vote

A Le premier tour

■ Le premier tour est réservé aux organisations syndicales qui ont participé à la négociation du protocole d'accord préélectoral.

■ Si le **quorum** est atteint, on procède au dépouillement des votes et à l'attribution des sièges.

Mot-clé

Le **quorum**, apprécié par collège, est atteint lorsque le nombre de suffrages exprimés (hormis bulletins blancs et nuls) est au moins égal à la moitié du nombre des électeurs inscrits.

B Le second tour

■ Ouvert à toutes les candidatures, le second tour est organisé dans les 15 jours suivant le premier tour.

■ Un second tour est organisé dans les cas suivants :
- absence de liste présentée par une organisation syndicale ;
- quorum non atteint au premier tour ;
- tous les sièges n'ont pas été pourvus au premier tour.

3 Le dépouillement et la proclamation des résultats

■ Le **dépouillement** est public et commence par les sièges de titulaires. Les candidats sont déclarés élus dans l'ordre de présentation de la liste.

■ Après la proclamation des résultats, l'employeur est tenu de les afficher et de transmettre une copie des **procès-verbaux** :
- aux organisations qui ont présenté des listes de candidats ou participé à la négociation du protocole d'accord préélectoral ;
- à l'inspecteur du travail dans les 15 jours suivant les élections ;
- au centre de traitement des élections professionnelles.

Modèle de procès-verbal de carence rédigé par l'employeur

Les salariés ont été informés le..., par voie d'affichage, que les élections professionnelles seraient organisées le...

Le..., conformément aux dispositions des articles L. 2314-5 et L. 2324-11, les organisations syndicales intéressées ont été invitées par courrier ou par voie d'affichage à négocier le protocole d'accord préélectoral et à établir les listes de leurs candidats.

Aucune liste de candidats n'a été présentée au premier tour qui s'est déroulé le... et il a été procédé à l'organisation du second tour le...

Il est constaté qu'au jour du second tour, aucune candidature n'a été présentée.

En conséquence, est dressé le présent procès-verbal de carence, conformément à l'article L. 2314-9 du Code du travail.

Fait à..., le...

34 Les indicateurs sociaux

L'employeur a l'obligation de mettre à la disposition des membres de la délégation du personnel du CSE une base de données économiques et sociales (BDES) qui rassemble les informations relatives aux grandes orientations de l'entreprise.

1 Les obligations de l'employeur

■ La mise en place de la BDES est **obligatoire** dans les entreprises dont l'effectif est supérieur à 50 salariés.

■ L'employeur a la charge de concevoir, élaborer, mettre en place et maintenir à jour la BDES.

■ Il doit en définir les modalités d'accès, de consultation, d'utilisation et d'actualisation.

À savoir

En l'absence de BDES, l'employeur se rend coupable d'un délit d'entrave passible d'une amende de 7 500 €.

2 Les modalités d'accès à la BDES

■ Les modalités de la BDES sont définies par un accord d'entreprise majoritaire ou, en l'absence de délégué syndical, par un accord entre l'employeur et le CSE. À défaut, un accord de branche peut définir l'organisation, l'architecture, le contenu et les modalités de fonctionnement de la BDES mais seulement dans les entreprises de moins de 300 salariés.

■ La BDES doit être **accessible en permanence** aux membres de la délégation du personnel du CSE ainsi qu'aux délégués syndicaux.

■ Les informations figurant dans la BDES revêtent un caractère **confidentiel** et tout utilisateur doit respecter une **obligation de discrétion**.

3 Le contenu de la BDES

■ La BDES sert de **support de préparation** à la consultation annuelle du CSE sur :
- les orientations stratégiques de l'entreprise ;
- la situation économique et financière de l'entreprise ;
- la politique sociale de l'entreprise, les conditions de travail et l'emploi.

À savoir

Le contenu de la BDES peut être complété par un accord d'entreprise, de branche ou de groupe.

■ Les informations doivent porter sur les 2 années précédentes, l'année en cours et les 3 années suivantes sous forme de perspective.

A Les informations obligatoires

La BDES doit comporter au moins les informations sur :
- l'investissement social, matériel et immatériel ;
- l'égalité professionnelle entre les femmes et les hommes au sein de l'entreprise ;
- les fonds propres ;
- l'endettement ;
- l'ensemble des éléments de la rémunération des salariés et dirigeants ;
- les activités sociales et culturelles ;
- la rémunération des financeurs ;
- les flux financiers à destination de l'entreprise.

B Les informations dans les grandes entreprises

La BDES doit également contenir les informations relatives à la **formation professionnelle** et aux **conditions de travail** pour les entreprises d'au moins 300 salariés.

Formation professionnelle	Orientation de la formation professionnelle dans l'entreprise. Modalités d'accès à la formation professionnelle. Bilan des actions inscrites au plan de formation. Bénéficiaires par âge, sexe et niveau initial de formation. Bilan de la mise en œuvre du compte personnel de formation. Informations sur les congés individuels de formation, de bilan de compétences, de validation des acquis de l'expérience.
Conditions de travail	Données sur le travail à temps partiel : nombre, sexe et qualification des salariés travaillant à temps partiel. Horaires de travail à temps partiel pratiqués dans l'entreprise. Programme annuel de prévention des risques professionnels et d'amélioration des conditions de travail.

35 Les tableaux de bord des indicateurs sociaux

Le tableau de bord des ressources humaines (RH) est un outil de pilotage et d'aide à la décision qui met en évidence des écarts entre une situation prévue et une situation réelle.

1 Les objectifs

■ Un tableau de bord est un **outil de gestion** qui permet de visualiser de manière synthétique une série de données stratégiques, de mesurer l'impact des actions entreprises et de dégager les évolutions prévisibles à court et à moyen termes.

■ Le tableau de bord social comporte deux volets distincts :
- le **constat**, c'est-à-dire l'examen d'un ensemble de critères et d'indicateurs sociaux : gestion des recrutements, des rémunérations, des compétences, de la formation… ;
- les **actions correctives** à entreprendre à partir de la comparaison entre les objectifs fixés et les résultats obtenus.

Mot-clé

Indicateur : instrument statistique qui permet de mesurer un phénomène. Exemple : nombre de salariés en CDD/nombre total de salariés.

2 L'élaboration du tableau de bord RH

A La sélection des indicateurs

Les **indicateurs** sont choisis selon la stratégie de l'entreprise et les objectifs fixés. Réunis en **tableau de bord**, ils doivent être pertinents, précis, faciles à exploiter et mis à jour selon une fréquence qui permet aux équipes de réagir rapidement en cas de tendance préoccupante.

B L'organisation et la collecte des données

■ Pour chaque indicateur, il convient de formaliser les sources d'information disponibles, les traitements à opérer pour produire l'information recherchée, son délai de production et sa fréquence. Il faut aussi déterminer la personne chargée de la collecte et du traitement des données ainsi que la forme graphique de restitution de l'indicateur.

■ La **collecte des données** nécessite un équipement informatique performant : système informatique de gestion des ressources humaines (SIRH) et progiciels de gestion intégrée (PGI).

C La mesure des performances et l'analyse des écarts

■ En tant qu'**outil d'aide à la décision**, le tableau de bord RH doit comporter des informations fiables, intelligibles, synthétiques et régulièrement mises à jour.

■ Les indicateurs doivent être accompagnés de **clignotants** qui alertent sur les écarts par rapport à un objectif fixé, une moyenne définie, une norme établie. Tout dépassement constaté implique une **action corrective** à mettre en œuvre.

Exemple de tableau de bord des Ressources humaines

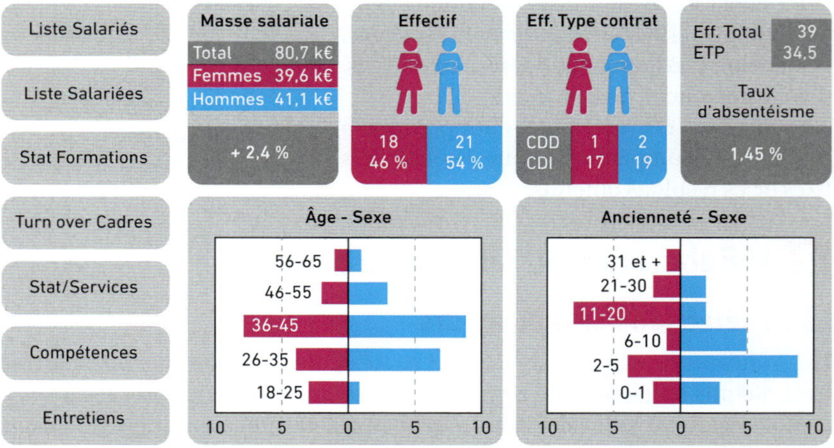

Source : Pierre Rigollet, www.performance-tableau-bord.com

36 Les représentations graphiques

Le tableau de bord, présenté de manière synthétique et visuelle, idéalement sur deux pages, comporte des tableaux et des graphiques. Il doit être facile à exploiter.

1 Les tableaux

■ **Tableau en lignes** : la première ligne indique généralement les mois ou les années, la seconde les données.

■ **Tableau en colonnes** : il est établi selon le même principe que le tableau en lignes, mais les séries de données sont présentées en colonnes.

■ **Tableau à double entrée** : il rassemble des données dépendant de plusieurs paramètres ou entrées.

Évolution de la population française par groupes d'âges (en pourcentages)

Années	Moins de 20 ans	20 à 59 ans	60 ans et plus	Total en milliers
1920	31,3	54,9	13,8	38 383,0
1960	32,3	51,0	16,7	45 464,8
1980	30,6	52,4	17,0	53 731,4
2000	25,6	53,8	20,6	58 858,2
2018	24,4	49,9	25,6	67 186,6

Source : Insee, TEF, 2018

2 La pyramide des âges

■ Elle représente la répartition par sexe et âge de la population à un instant donné.

■ Elle est constituée de deux histogrammes, un pour chaque sexe (par convention, les hommes à gauche, les femmes à droite).

Pyramide des âges au 1er janvier 2018 (effectif en milliers)

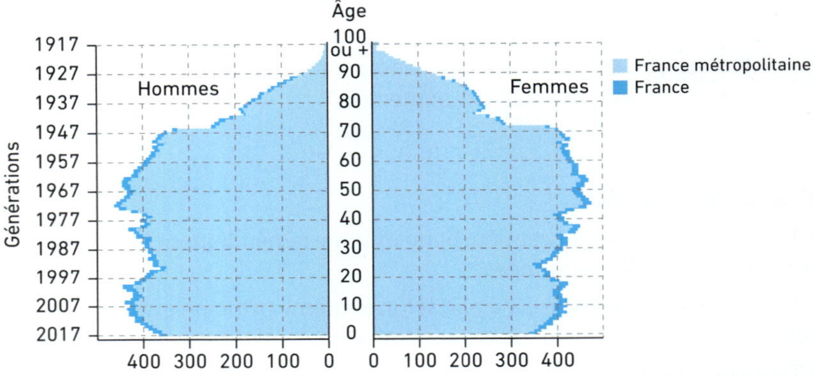

Source : Insee, TEF, 2018

3 Les graphiques

A Les graphiques de structures

Les graphiques de structures (diagramme, camembert) représentent, à un instant donné, la répartition des variables d'un même phénomène. Exemples : répartition du personnel par statut, répartition des motifs d'absences.

Exemple de diagramme

Part des femmes dans l'emploi en 2016 (en %)

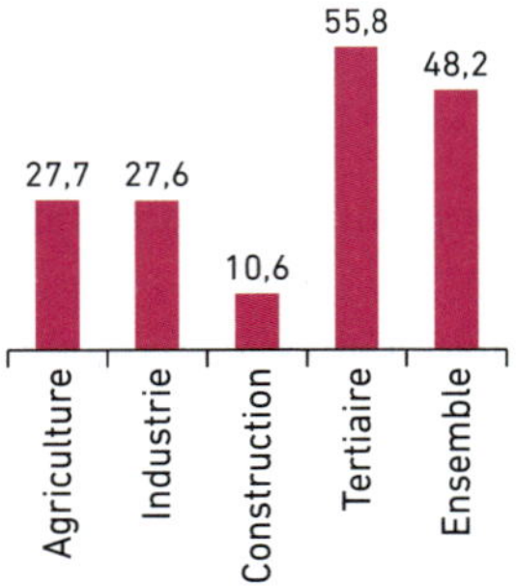

Source : Insee, TEF, 2018

Exemple de camembert (graphique à secteurs)

Structure des dépenses publiques en 2016 (en %)

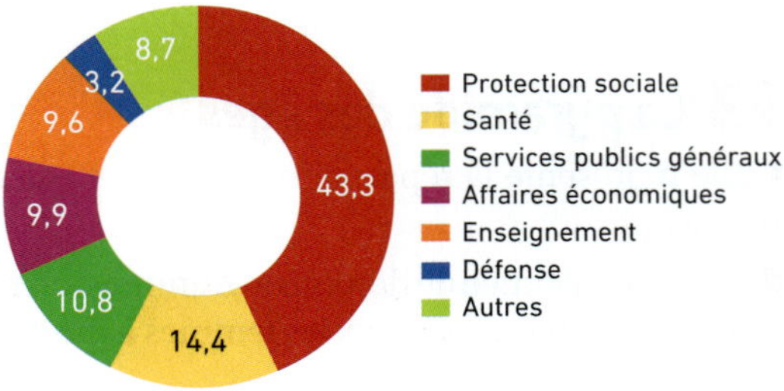

Source : Insee, Références 2018 - Finances publiques

B Les graphiques de variations

Les graphiques de variations (courbes, histogrammes) représentent les évolutions d'un phénomène dans le temps.
Exemples : évolution des effectifs, évolution des contrats en CDD.

Exemple de courbe

Durée annuelle du travail des salariés entre 1950 et 2016

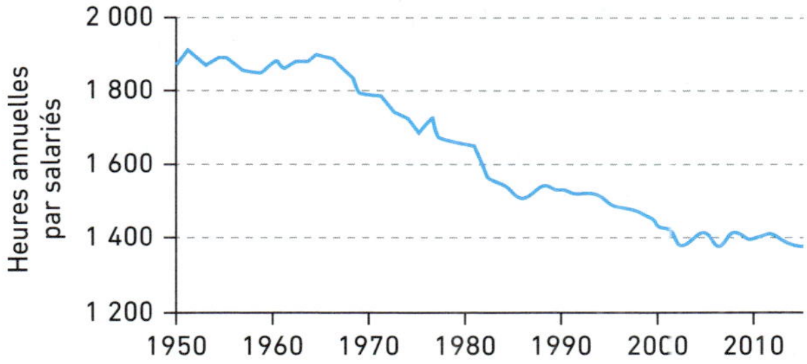

Source : Insee – TEF 2018

Exemple d'histogramme

Évolution de la consommation de soins et de biens médicaux par rapport à l'année précédente (en %)

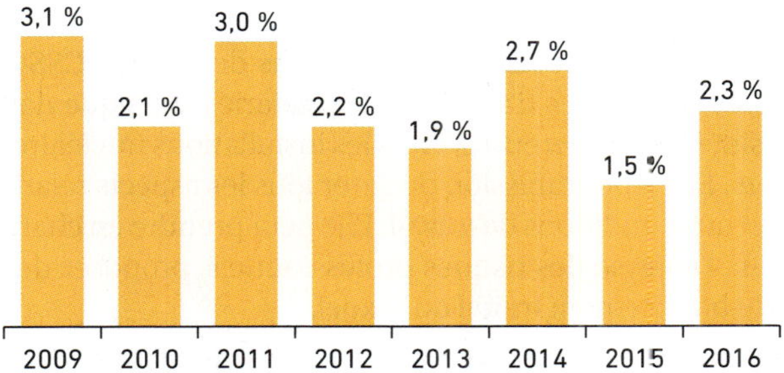

Source : Insee, Références 2018 – Santé, handicap, dépendance

37 La réglementation sur les risques au travail

L'employeur a l'obligation d'assurer la sécurité de ses salariés et de protéger leur santé, dans le respect de la réglementation en vigueur.

1 Les acteurs opérationnels

A L'employeur

L'employeur est tenu d'une **obligation de sécurité** de résultat. Il doit prendre les mesures individuelles et collectives pour assurer la sécurité et protéger la santé physique et mentale des salariés de l'entreprise.

B Les autres intervenants

- Le **médecin du travail** intervient à titre préventif et peut accéder librement à tout lieu de travail. Il conduit des actions sur le milieu de travail et procède à des visites médicales.
- L'**inspecteur du travail**, assisté par des contrôleurs du travail, veille au respect de la législation du travail et constate les infractions. Il contribue à la prévention des risques professionnels et à l'amélioration des conditions de travail et des relations sociales.
- La **commission santé, sécurité et conditions de travail (CSSCT)** est obligatoire dans les entreprises d'au moins 300 salariés ainsi que dans certaines sociétés considérées dangereuses, dans les installations nucléaires et les gisements miniers. Elle a pour mission de gérer tous les aspects relatifs à la santé, à la sécurité et aux conditions de travail. Elle peut prendre en charge, par délégation du CSE, l'analyse des risques professionnels, proposer des actions de prévention du harcèlement moral ou sexuel.
- Le **référent en santé et sécurité du travail**, désigné par l'employeur, a pour mission d'informer les nouveaux embauchés et de s'assurer que les vérifications périodiques obligatoires du matériel et des équipements sont effectuées.
- Le **sauveteur secouriste du travail** est un salarié de l'entreprise chargé de porter les premiers secours à toute victime d'accident du travail ou de malaise et de participer à la prévention des risques.

2 Les actions de l'employeur

A La prévention des risques et de la pénibilité au travail

L'évaluation des risques professionnels consiste à identifier, classer, hiérarchiser les risques (bruit, incendie, aération, explosion, substances dangereuses…) et mettre en place des **actions de prévention**.

B L'information et la formation des salariés

- L'employeur doit afficher les **consignes** relatives à l'hygiène et à la sécurité, prévoir une **signalisation** adaptée (circulation, issues et dégagements de secours…) et des **modes opératoires** apposés sur les machines ou à proximité.
- Les travailleurs doivent bénéficier d'une **formation** à la sécurité pour les risques auxquels ils sont exposés. La formation est obligatoire pour les nouveaux salariés, les intérimaires, les stagiaires, en cas de changement de poste et d'exposition à des risques particuliers.

C La mise en œuvre de moyens

L'employeur est tenu de mettre en place une organisation et des moyens adaptés visant à améliorer les situations existantes, avec obligation d'établir un **document unique d'évaluation des risques** (DUEP) mis à jour chaque année et de manière ponctuelle.

Affichage obligatoire	
Coordonnées du médecin du travail, des services de secours d'urgence et de l'inspecteur du travail dans les locaux normalement accessibles aux travailleurs.	
Avis indiquant les modalités d'accès des travailleurs au document unique.	
Interdiction de fumer dans les lieux de travail fermés et couverts.	
Consignes de sécurité incendie dans les établissements de plus de 50 salariés et en cas de présence de matières inflammables.	
Liste nominative des membres de la commission santé, sécurité et conditions de travail (CSSCT) dans les entreprises de 300 salariés et plus.	

38 Les supports associés aux procédures de santé-sécurité

Le chef d'entreprise a l'obligation d'établir et de tenir à jour des documents et registres obligatoires qui attestent du respect de la réglementation en matière de santé-sécurité.

1 Le registre unique de sécurité

■ Il réunit dans **un seul document** l'ensemble des informations recueillies dans les différents registres imposés par la loi en matière d'hygiène et de sécurité : titres d'habilitation, protocole de sécurité, autorisations, déclarations d'accidents, diagnostic de pénibilité, comptes rendus de la CSSCT, document unique...

■ Bien que non obligatoire, il constitue un **outil de traçabilité** sur les questions de santé-sécurité au travail et facilite la consultation de ces informations.

2 Le document unique d'évaluation des risques professionnels (DUER)

■ Obligatoire dans les entreprises et associations employant au moins un salarié, le DUER doit être mis à jour tous les ans.

■ Il est réalisé en plusieurs étapes :
- **identification des unités de travail et des dangers** auxquels sont exposés les salariés (sols glissants, matériels inadaptés, niveau sonore élevé...) ;
- **analyse et classement des risques** pour chaque danger selon leur importance, leur fréquence, le nombre de salariés concernés, les conséquences sur la santé (nuisance sonore, coupures, brûlures, maladies psycho-sociales...) afin de les traiter selon les priorités ;
- **proposition d'actions de prévention** pour chaque risque recensé afin d'empêcher qu'il ne se réalise (poste de travail ergonomique, meilleure organisation du travail...) ;
- **rédaction de l'annexe obligatoire au DUER** pour consigner la proportion de salariés exposés, au-delà d'un certain seuil, à des facteurs de pénibilité (travail de nuit, travail répétitif, postures pénibles, charges lourdes...).

3 Les autorisations et les titres d'habilitation

Pour préserver la santé et la sécurité des salariés, l'employeur est tenu de leur faire suivre des formations adaptées à l'issue desquelles il délivre des certifications sous la forme :
- d'**autorisations** : certificat d'aptitude à la conduite en sécurité (CACES), permis de feu pour les travaux de soudage… ;
- d'**habilitations** : pour le travail en hauteur, habilitation électrique pour le personnel non électricien…

4 Les supports divers liés à la sécurité

■ De nombreux supports sont créés dans le cadre de la santé-sécurité au sein de l'entreprise : affiches, consignes en cas d'accident ou d'incendie, plans d'évacuation, notes d'informations, panneaux de signalisation, modes opératoires…

■ Des **tableaux** ou des **planigrammes** permettent le suivi périodique des contrôles de sécurité pour les équipements de protection individuelle, les machines, les installations électriques, les appareils de levage…

Extrait de l'annexe au DUER-Évaluation des risques

Risque lié aux chutes

Unité de travail :

Très grave	4	4	4	4
Grave	3	3	3	3
Modéré	2	2	2	2
Faible	1	1	1	1
	Très improbable	Improbable	Probable	Très probable

Situation n°	Descriptif de la situation dangereuse	Mesures de prévention existantes	Niveau de risque	Actions envisagées

39 Les actions sociales et culturelles à destination du personnel

Le Comité social et économique (CSE) assure, contrôle ou participe à la gestion de toutes les activités sociales et culturelles (ASC) établies dans l'entreprise prioritairement au bénéfice des salariés, de leur famille et des stagiaires, quel qu'en soit le mode de financement.

1 Les modalités de mise en œuvre des ASC

- Les ASC sont facultatives et ne peuvent pas se substituer à un salaire.
- Elles sont **réservées prioritairement aux salariés et à leur famille**, mais les retraités peuvent y être associés.
- Selon la politique sociale mise en œuvre, le CSE peut **choisir librement les bénéficiaires** des activités, mais il doit s'abstenir de toute discrimination et ne faire aucune distinction liée à la personne, à la catégorie professionnelle, à l'affiliation à un syndicat… Il peut toutefois moduler les prestations selon des critères objectifs : revenus, composition de la famille, âge des enfants…

À savoir

Dans certaines entreprises, le CSE alloue un budget annuel à chaque salarié, en fonction de critères d'attribution définis.

2 Les activités couramment proposées

Elles sont diverses et variées. Il peut s'agir notamment :
- d'**institutions sociales de prévoyance et d'entraide** (institutions de retraites, sociétés de secours mutuels…) ;
- d'**activités sociales et culturelles tendant à l'amélioration des conditions de bien-être** (cantines, coopératives de consommation, logements, crèches, colonies de vacances…) ;
- d'activités sociales et culturelles ayant pour objet l'utilisation des **loisirs** et l'**organisation sportive** (chèques culturels, chèques vacances, bons d'achat, cadeaux pour des occasions…) ;

À savoir

Le Code du travail ne donne pas de définition précise des activités sociales et culturelles.

- d'**institutions d'ordre professionnel ou éducatif** dépendant de l'entreprise (centres d'apprentissage et de formation professionnelle, bibliothèques, cours de culture générale) ;
- de **services sociaux** chargés de veiller au bien-être du salarié dans l'entreprise, de faciliter son adaptation à son travail et de collaborer avec le service de santé au travail de l'entreprise ;
- du **service de santé au travail** institué dans l'entreprise.

3 Le budget du CSE

Le CSE dispose de deux budgets, financés par le versement d'une **contribution patronale** variable selon le nombre de salariés.

A Le budget de fonctionnement

Le CSE peut librement l'utiliser pour couvrir les dépenses liées à son fonctionnement, à la communication auprès des salariés, à la réalisation d'études, à la formation de ses membres, pour employer du personnel, rémunérer un expert-comptable…

B Le budget des activités sociales et culturelles

La subvention accordée pour les ASC peut être prévue par accord d'entreprise. Les dépenses sont exclusivement destinées à financer des prestations à caractère social ou culturel non obligatoire et qui ont pour objet d'améliorer les conditions de vie et de travail des salariés et de leur famille.

Exemple de budget consacré aux ASC

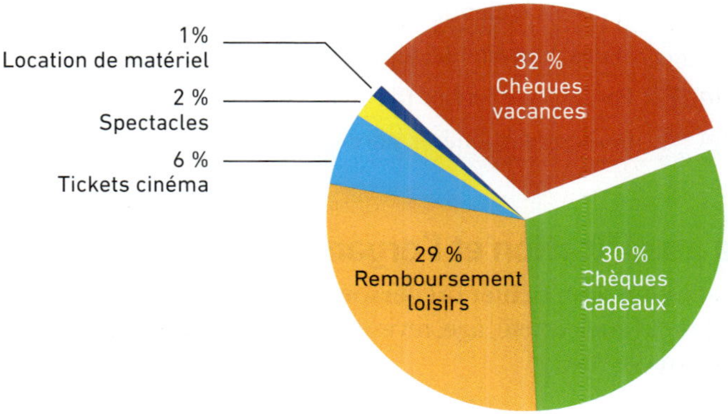

40 L'organisation des activités sociales et culturelles

Qu'elles soient organisées par le Comité social et économique (CSE) ou directement par l'employeur, les activités sociales et culturelles (ASC) engendrent de nombreuses tâches administratives.

1 La phase d'analyse préalable

- Au cours de **réunions préalables** sont envisagées les actions prochaines, à partir du budget alloué, du bilan de l'année antérieure et des souhaits des salariés exprimés oralement ou au moyen de **questionnaires**.

- La **démarche QQOQCP**, basée sur le questionnement systématique, peut être utilisée au stade de la réflexion.

À savoir

Les règles d'administration et de gestion des ASC peuvent être réunies dans un document récapitulatif intitulé « Règlement des ASC ».

Qui ?	Destinataires : tous les salariés, l'ensemble du personnel, les enfants…
Quoi ?	▸ Activités sociales : aide financière, achats groupés… ▸ Activités culturelles : sorties, voyages culturels…
Où ?	Dans l'entreprise (caféteria, amphithéâtre…) ou à l'extérieur (musées, salles de spectacles…)
Quand ?	Dates, horaires de départ et d'arrivée, agendas des responsables
Comment ?	Par le CE, le service RH ou le recours à des prestataires extérieurs
Pourquoi ?	Rassembler, fédérer, partager, remercier, fêter, aider…

2 La planification et l'organisation des ASC

- La constitution d'un **fichier du personnel** avec le détail des critères d'attribution retenus (ancienneté, âge, revenus, composition de la famille…) facilite l'organisation des ASC.

■ Divers **outils de planification et de suivi des activités** peuvent être utilisés : listes des tâches, rétroplannings, diagrammes de Gantt, planigrammes, agendas, tableaux, logiciels spécifiques…

■ La mise en œuvre d'une ASC engendre la création de **documents** et de **supports d'information** (affiches, notes, courriels, messages sur l'intranet, ordre du jour des réunions…) et **d'organisation** (questionnaires de participation, documents d'inscription, tableaux récapitulatifs des participants, programmes, autorisations, calculs de coûts…).

3 L'évaluation de l'impact des actions du CSE

■ L'évaluation de l'impact des ASC est indispensable. Elle peut s'effectuer au moyen d'**enquêtes de satisfaction** auprès des salariés, élaborées manuellement ou à l'aide de logiciels spécifiques (Sphinx, SurveyMonkey…). Les grandes entreprises peuvent aussi s'adresser à des organismes spécialisés pour sonder le personnel.

■ À l'issue des actions ou des événements organisés, des **comptes rendus** périodiques et un **rapport d'activités et de gestion** annuel sont établis et diffusés.

Extraits d'une enquête de satisfaction

Parmi les principales prestations proposées par le Comité social et économique, merci de nous indiquer si vous en êtes satisfait.

	Très satisfaisant	Plutôt satisfaisant	Peu satisfaisant	Pas satisfaisant	Ne se prononce pas
Les chèques-vacances	❑	❑	❑	❑	❑
L'aide aux vacances	❑	❑	❑	❑	❑
Les chèques Lire/Disque	❑	❑	❑	❑	❑
Les voyages et week-ends organisés par le CE	❑	❑	❑	❑	❑
Les activités pour les enfants	❑	❑	❑	❑	❑
Les tickets cinéma	❑	❑	❑	❑	❑
La billetterie	❑	❑	❑	❑	❑

SE TESTER QUIZ Cochez la ou les réponse(s) exacte(s).

1. Pour les élections professionnelles, l'employeur doit négocier un protocole d'accord préélectoral avec :

☐ l'inspecteur du travail.
☐ l'ensemble des salariés.
☐ les organisations syndicales concernées.

2. L'employeur doit afficher les listes de candidats aux élections professionnelles :

☐ 1 mois avant la date des élections.
☐ 4 jours au moins avant la date des élections.
☐ 15 jours avant la date des élections.

3. La base de données économiques et sociales (BDES) est :

☐ obligatoire dans toutes les entreprises.
☐ obligatoire dans les entreprises dont l'effectif est supérieur à 50 salariés.
☐ mise à la disposition de la délégation du personnel du CSE par le chef d'entreprise.

4. Les informations contenues dans la BDES :

☐ sont de nature économique et sociale.
☐ ont un caractère économique exclusivement.
☐ revêtent un caractère confidentiel.

5. Le tableau de bord des indicateurs sociaux :

☐ est un outil de pilotage et d'aide à la décision.
☐ met en évidence les écarts entre des prévisions et des résultats.
☐ comporte deux volets distincts : le constat et les mesures correctives.

6. Les graphiques de structures représentent :

☐ la répartition des variables d'un même phénomène à un instant donné.
☐ les évolutions d'une situation dans le temps.
☐ la répartition de la population par âge et par sexe.

7. L'obligation d'assurer la santé et la sécurité des salariés :

☐ fait partie des obligations de l'employeur.
☐ entraîne la mise en place de mesures individuelles et collectives.
☐ comprend un volet prévention des risques et de la pénibilité au travail.

8. Le document unique d'évaluation des risques professionnels (DUER) :

☐ est obligatoire dans les entreprises de plus de 10 salariés.
☐ est obligatoire dans les entreprises d'au moins 1 salarié.
☐ doit être mis à jour tous les ans.

9. L'organisation des activités sociales et culturelles à destination du personnel :

☐ relève du comité social et économique exclusivement.
☐ incombe à l'employeur lorsqu'il n'y a pas de CSE.
☐ est destinée prioritairement aux salariés et à leur famille.

10. Le budget des activités sociales et culturelles :

☐ est principalement assuré par une contribution patronale.
☐ sert à financer les activités organisées par le CSE.
☐ est alimenté exclusivement par une dotation des pouvoirs publics.

CROISEZ-RELIEZ **Associez chaque définition à son support.**

Support qui rassemble les informations relatives aux grandes orientations économiques et sociales de l'entreprise et que le chef d'entreprise doit mettre à la disposition des représentants du personnel. •	• Registre unique de sécurité
Outil de pilotage d'une entreprise constitué de plusieurs indicateurs de performance qui a pour objectif d'anticiper les évolutions prévisibles et d'inciter le chef d'entreprise à prendre des décisions. •	• Base de données économiques et sociales
Registre facultatif qui permet à l'employeur de réunir, dans un seul document, l'ensemble des informations recueillies dans les différents registres obligatoires qu'il doit établir en matière d'hygiène et de sécurité. •	• Tableau de bord de l'entreprise
Accord conclu entre l'employeur et une ou plusieurs organisations syndicales pour définir les modalités des élections professionnelles dans l'entreprise. •	• Document unique d'évaluation des risques professionnels
Document obligatoire dans lequel l'employeur doit répertorier et évaluer tous les risques professionnels susceptibles de nuire à la santé et à la sécurité des travailleurs. •	• Protocole d'accord préélectoral

IDENTIFIEZ

Identifiez les panneaux de signalisation en matière de santé et de sécurité au travail et précisez leur nature en indiquant la lettre correspondante.

a. Interdiction
b. Avertissement et signalisation de risque ou de danger
c. Obligation
d. Sauvetage et secours
e. Matériel ou équipement de lutte contre l'incendie

MOTS CROISÉS

Complétez la grille à l'aide des définitions.

A Groupement chargé de la défense des intérêts des salariés.
B Nombre minimum de membres présents pour qu'une élection soit valide.
C Comité social et économique.
D Ensemble des règles définies avant une élection professionnelle.
E Lieu où l'électeur met son bulletin de vote dans une enveloppe.
F Commission santé, sécurité et des conditions de travail.

1 Personne qui remplace un titulaire.
2 Registres des candidats à une élection.
3 Pouvoir délégué à une personne élue.
4 Boîte qui recueille les bulletins de vote.
5 Manifestation d'une opinion dans une élection.
6 Personne officiellement nommée ou élue.

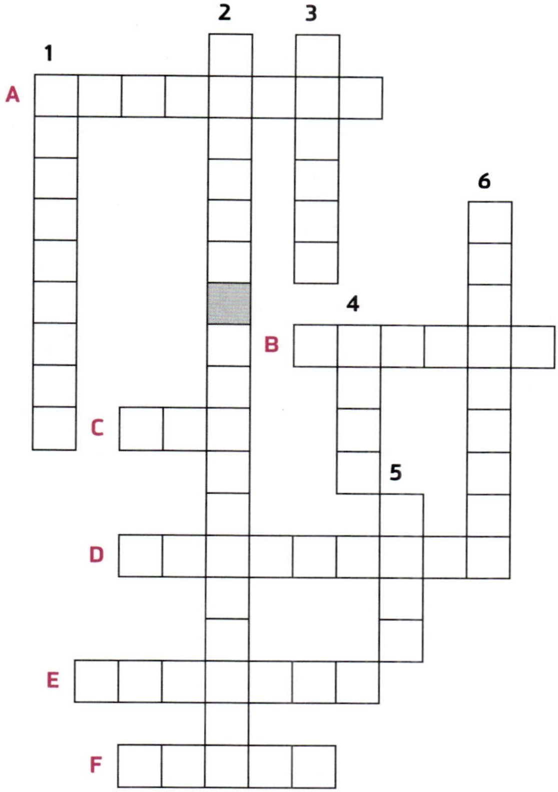
1
2
3
4
5
6
A
B
C
D
E
F

OBJECTIF BAC

Vous travaillez en qualité d'assistant(e) de direction auprès de Thomas Martinet, directeur général des établissements Martinet & Fils, situés 15, place du Square 92100 à Montreuil et spécialisés dans la fabrication et la commercialisation d'engins de chantier.
L'entreprise dont l'effectif s'élève à 350 salariés est dotée d'une délégation du personnel du Comité social et économique (CSE). Le directeur vous confie la mission de seconder Juliette Vigneron, déléguée aux activités sociales et culturelles.
Le CSE a pour habitude de faire bénéficier le personnel du service de billetterie à tarifs préférentiels pour des événements culturels, des spectacles ou des manifestations sportives.
Vous avez à votre disposition les consignes de Mme Vigneron (doc. 1) et une documentation sur le spectacle (doc. 2).

Doc. 1 Consignes de Mme Vigneron

Il a été convenu à la dernière réunion du CSE de réserver des places pour le prochain concert de Maître H., le 28 septembre à 20 h 30 (voir documentation).
Pour les tarifs des places, j'ai annoté la documentation (tu feras les calculs).
Nombre de places possibles :
1 pour le salarié + 1 pour son conjoint et 2 maximum pour les enfants soit un total de 4 places par famille.
Les participants se rendront au spectacle par leurs propres moyens.
Merci de préparer la note d'information et le bulletin d'inscription qui sera annexé, à rendre avant le 5 septembre au plus tard, accompagné du chèque correspondant.
Tu donneras toutes les informations utiles pour se rendre au concert.
Je vérifierai le tout avant affichage et diffusion sur notre intranet.

Juliette

Doc. 2 **Documentation**

Accueil > Spectacles > Maître H. au Stade de France

★★★★★ 0 avis

MAÎTRE H. AU STADE DE FRANCE

Stade de France - Rue Henri Delaunay, Saint-Denis 93210 Localiser la salle

Artiste multi-récompensé à la tête de plus de 4 millions d'albums vendus, Maître H. est de retour avec l'un des albums les plus attendus de l'année [...], porté par une tournée événement en Europe, passant par le Stade de France !

▶ Lire la suite

Accès

Transports en commun pour aller au Stade de France

Le Stade de France est facilement et rapidement accessible depuis la Gare du Nord en transport en commun. Le RER et le métro constituent le meilleur moyen de contourner les embouteillages les jours de match et de spectacles au Stade de France :

- RER B : station La Plaine Stade de France
- RER D : station Stade de France – St Denis
- Métro ligne 13 : station St Denis – Porte de Paris
- Tramway n°1 : station St Denis Basilique
- Tramway n°8 : station St Denis Porte de Paris
- Bus n° 139 / 153 / 173 / 255 / 350

Tarifs

2e cat. / moins de 26 ans	32 €
2e cat. Tarif Public	55 €
2e cat. / demandeur d'emploi	32 €
3e cat. / moins de 26 ans	27 €
3e cat. Tarif Public	38 €

Le CE propose :
– pour les 2e catégories, un tarif à – 40 %
– pour les 3e catégories, un tarif à – 30 %
Faire les calculs et arrondir à l'euro inférieur.

Travail à effectuer

1. Rédigez la note d'information destinée au personnel en date du 5 septembre.

2. Préparez la maquette du document qui sera annexé à la note et qui servira à recenser les inscriptions.

SE TESTER

1. Pour les élections professionnelles, l'employeur doit négocier un protocole d'accord préélectoral avec :

☑ les organisations syndicales concernées.

2. L'employeur doit afficher les listes de candidats aux élections professionnelles :

☑ 4 jours au moins avant la date des élections.

3. La base de données économiques et sociales (BDES) est :

☑ obligatoire dans les entreprises dont l'effectif est supérieur à 50 salariés.

☑ mise à la disposition de la délégation du personnel du CSE par le chef d'entreprise.

4. Les informations contenues dans la BDES :

☑ sont de nature économique et sociale.

☑ revêtent un caractère confidentiel.

5. Le tableau de bord des indicateurs sociaux :

☑ est un outil de pilotage et d'aide à la décision.

☑ met en évidence les écarts entre des prévisions et des résultats.

☑ comporte deux volets distincts : le constat et les mesures correctives.

6. Les graphiques de structures représentent :

☑ la répartition des variables d'un même phénomène à un instant donné.

7. L'obligation d'assurer la santé et la sécurité des salariés :

☑ fait partie des obligations de l'employeur.

☑ entraîne la mise en place de mesures individuelles et collectives.

☑ comprend un volet prévention des risques et de la pénibilité au travail.

8. Le document unique d'évaluation des risques professionnels (DUER) :

☑ est obligatoire dans les entreprises d'au moins 1 salarié.

☑ doit être mis à jour tous les ans.

9. L'organisation des activités sociales et culturelles à destination du personnel :

☑ incombe à l'employeur lorsqu'il n'y a pas de CSE.

☑ est destinée prioritairement aux salariés et à leur famille.

10. Le budget des activités sociales et culturelles :

☑ est principalement assuré par une contribution patronale.

☑ sert à financer les activités organisées par le CSE.

CROISEZ-RELIEZ

Support qui rassemble les informations relatives aux grandes orientations économiques et sociales de l'entreprise et que le chef d'entreprise doit mettre à la disposition des représentants du personnel.	Base de données économiques et sociales
Outil de pilotage d'une entreprise constitué de plusieurs indicateurs de performance qui a pour objectif d'anticiper les évolutions prévisibles et d'inciter le chef d'entreprise à prendre des décisions.	Tableau de bord de l'entreprise
Registre facultatif qui permet à l'employeur de réunir, dans un seul document, l'ensemble des informations recueillies dans les différents registres obligatoires qu'il doit établir en matière d'hygiène et de sécurité.	Registre unique de sécurité
Accord conclu entre l'employeur et une ou plusieurs organisations syndicales pour définir les modalités des élections professionnelles dans l'entreprise.	Protocole d'accord préélectoral
Document obligatoire dans lequel l'employeur doit répertorier et évaluer tous les risques professionnels susceptibles de nuire à la santé et à la sécurité des travailleurs.	Document unique d'évaluation des risques professionnels

IDENTIFIEZ

b. Danger électrique

d. Douche de sécurité

a. Interdit aux chariots

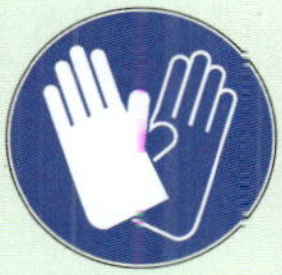

c. Port de gants de sécurité

e. Téléphone en cas d'incendie

MOTS CROISÉS

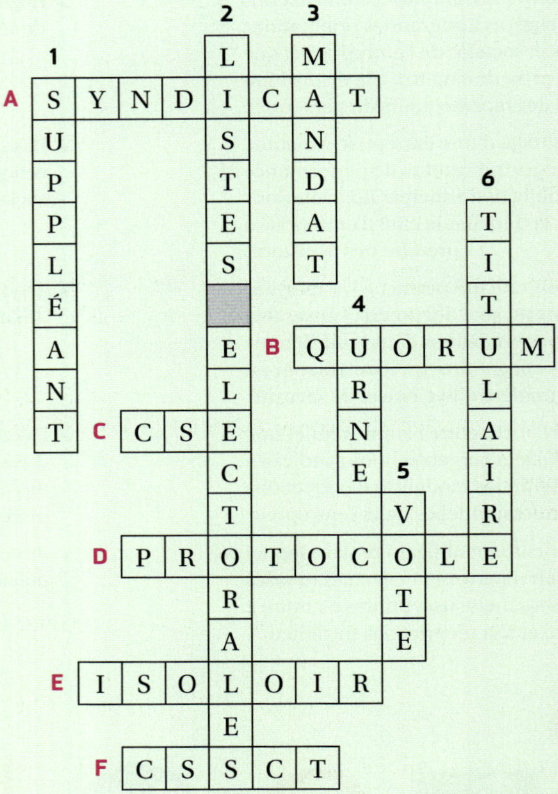

OBJECTIF BAC

1. Rédaction de la note d'information

Comité social et économique
Établissements Martinet & Fils

le 5 septembre N

Destinataires : Ensemble du personnel

Objet : Réservation de places de concert

Il a été décidé, lors de la dernière réunion du Comité social et économique, de réserver des places pour le prochain concert de Maître H., le 28 septembre à 20 h 30.

Le concert aura lieu au Stade de France, rue Henry Delaunay 93210 Saint-Denis. L'accès est rapidement accessible depuis la Gare du Nord en transport en commun :
- RER lignes B et D,
- Métro ligne 13,
- Tramway n° 1 et 8,
- Bus n° 139, 153,173, 255 et 350.

Le nombre de participants par famille est limité à 4 (salarié + conjoint + 2 enfants).

Les prix des places aux tarifs préférentiels négociés par le CSE sont les suivants :
- deuxième catégorie : adultes 33 €, enfants 19 € ;
- troisième catégorie : adultes 26 €, enfants 18 €.

Le bulletin d'inscription ci-joint est à compléter et à déposer au secrétariat du CSE pour le 5 septembre au plus tard, avec le chèque correspondant.

Juliette Vigneron, Déléguée aux activités sociales et culturelles

2. Document de recensement des inscriptions

Comité social et économique
Établissements Martinet & Fils

Bulletin d'inscription au concert de Maître H., le 28 septembre

Nom Prénom

Service

Demande de places de spectacle

Deuxième catégorie : Adultes : 33 € Enfants : 19 €	Adultes	Enfants	Total
Troisième catégorie : Adultes : 26 € Enfants : 18 €	Adultes	Enfants	Total

Questionnaire à retourner au secrétariat du CSE
avant le 5 septembre au plus tard.

Joindre le chèque correspondant au montant total.

ÉPREUVE E2 Gestion administrative des relations avec le personnel

Durée : 3 heures – **Coefficient** : 4
Le sujet se compose de 4 dossiers indépendants.
La calculatrice est autorisée conformément à la circulaire n° 99-186 du 16 novembre 1999.
Aucun document n'est autorisé.

DOSSIER 1 Suivi des déplacements du personnel

Compétence principale : contrôler les déplacements
- contrôle d'une note de frais
- rédaction d'une note

DOSSIER 2 Participation au recrutement du personnel

Compétence principale : assurer des opérations administratives liées aux étapes d'un recrutement
- établissement d'un planigramme des entretiens
- lettre type de convocation à un entretien d'embauche
- proposition d'outil de planification des tâches

DOSSIER 3 Contrôle des bulletins de salaire

Compétence principale : contrôler les bulletins de salaire
- contrôle d'un relevé d'heures
- rédaction d'un mémo

DOSSIER 4 Information relative à la santé et la sécurité

Compétence principale : produire des supports associés aux procédures de santé-sécurité
- rédaction d'un document de synthèse
- conception d'un diaporama
- rédaction d'une note de service

LISTE DES DOCUMENTS

- **Doc. 1** Courriel du directeur du personnel
- **Doc. 2** Charte « Frais de déplacements »
- **Doc. 3** Note de frais de M. Jovial
- **Doc. 4** Liste des candidatures
- **Doc. 5** Agenda du directeur général
- **Doc. 6** Agenda du directeur du personnel
- **Doc. 7** Courriel de Mme Perceval
- **Doc. 8** Extrait du bulletin de salaire
- **Doc. 9** Barème « Rémunérations »
- **Doc. 10** Consignes du directeur du personnel
- **Doc. 11** Documentation sur le port des EPI

LISTE DES ANNEXES À RENDRE

- **Annexe A** Note de frais
- **Annexe B** Planification des entretiens
- **Annexe C** Fiche d'heures mensuelles

PERS'HOME est une entreprise de services à la personne domiciliée à Fréjus. Elle comprend plusieurs antennes dans le Var et emploie 36 salariés, dont 15 à temps partiel.

Les services proposés sont organisés autour de deux pôles :
- *la famille* avec les services d'aide aux personnes âgées ou dépendantes et la garde d'enfants ;
- *la maison* avec des prestations de ménage-repassage, jardinage, petits travaux et surveillance de résidences.

Placé(e) sous la responsabilité de M. Gilles Passerot, directeur général de l'entreprise, et de Mme Ravon, assistante de direction, vous assurez en qualité d'assistant(e) administratif(ve) stagiaire l'accueil et le suivi des contrats.

En cas de besoin, vous assistez le directeur du personnel.

Organigramme

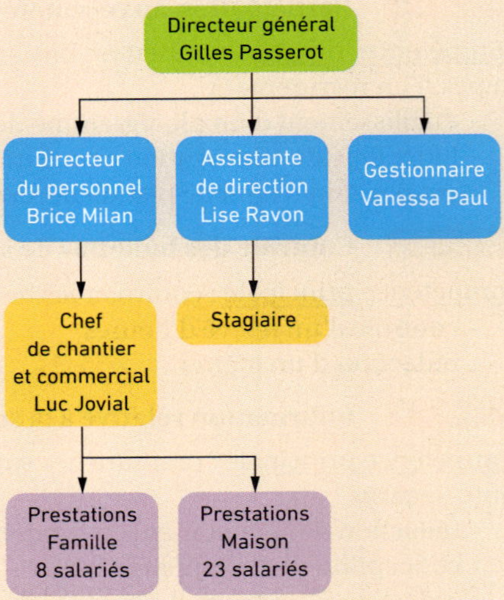

PERS'HOME
120 avenue des Palmiers
83600 FREJUS
04.94.96.04.86 ou 06.38.39.15.88
Site : www.pershome.org
Courriel : contact@pershome.fr

DOSSIER 1 Suivi des déplacements du personnel

En tant que chef de chantier chargé du suivi des salariés sur les lieux de leurs missions et également de la prospection de nouveaux clients, M. Jovial effectue de nombreux déplacements.
Pour le remboursement des frais engagés, il doit se conformer à la charte « Frais de déplacements ».
M. Jovial circule avec un véhicule de type utilitaire, de puissance 6 CV et parcourt en moyenne 22 000 km par an.

1. Vérifiez la dernière note de frais de M. Jovial. Reportez en rouge les corrections dans les colonnes vierges de l'imprimé et effectuez les totaux (**annexe A**).
2. Préparez la note qui sera adressée, le 10 avril, au chef de chantier.

Ressources disponibles :

Doc. 1 Courriel du directeur du personnel
Doc. 2 Charte « Frais de déplacements »
Doc. 3 Note de frais de M. Jovial

DOSSIER 2 Participation au recrutement du personnel

Pour répondre à la demande de nouveaux clients, il est nécessaire de recruter deux nouvelles techniciennes de surface et un jardinier. Vous êtes associé(e) à leur recrutement.
Après le tri des candidatures, plusieurs postulants seront reçus en entretien.
Les entretiens seront conduits par le directeur général et le directeur du personnel, à raison de 6 entretiens maximum par journée.

1. Complétez le planning des entretiens (**annexe B**). Convoquez les candidats par ordre alphabétique (sauf contrainte particulière). Prévoyez des plages d'une heure par entretien et répartissez sur deux journées différentes les entretiens avec les techniciennes de surface et les jardiniers.
2. Rédigez la maquette d'une lettre type de convocation à un entretien d'embauche. La lettre type conçue sera ensuite fusionnée avec le fichier des candidats, après requête (candidats sélectionnés pour un entretien).
3. Proposez une solution qui permettrait de faciliter la gestion des agendas de l'équipe de direction. Justifiez votre réponse.

Ressources disponibles :

Doc. 4 Liste des candidatures
Doc. 5 Agenda du directeur général
Doc. 6 Agenda du directeur du personnel

DOSSIER 3 Contrôle des bulletins de salaire

Mme Julie Perceval, technicienne de surface employée à temps complet, conteste sa rémunération. Vous êtes chargé(e) de l'étude du dossier.

1. Procédez à la vérification à partir de la fiche d'heures mensuelles (**annexe C**).
2. Préparez le mémo à adresser au gestionnaire.

Ressources disponibles :

Doc. 7 Courriel de Mme Perceval
Doc. 8 Extrait du bulletin de salaire
Doc. 9 Barème « Rémunérations »

DOSSIER 4 Information relative à la santé et à la sécurité

La santé et la sécurité du personnel sont au cœur des préoccupations de l'entreprise. Après avoir constaté que les salariés, en particulier les jardiniers et techniciens de maintenance, ne respectent pas toujours les consignes de sécurité sur les lieux de travail, le directeur du personnel envisage d'organiser prochainement une réunion pour rappeler les règles générales de sécurité et plus particulièrement celles relatives au port des équipements de protection individuelle (EPI).
Il vous confie la préparation de cette réunion.

1. Rédigez un document synthétique exposant les obligations respectives de l'employeur et des salariés en matière de santé-sécurité, en général, et plus particulièrement en ce qui concerne le port des EPI.
2. Présentez la maquette des deux premières diapositives du diaporama qui servira de support d'animation de la réunion, dont celle annonçant l'ordre du jour.
3. Préparez la note de service destinée à informer les salariés de la prochaine réunion de l'ensemble du personnel.

Ressources disponibles :

Doc. 10 Consignes du directeur du personnel
Doc. 11 Documentation sur le port des EPI

Documents

Doc. 1 Courriel du directeur du personnel

De : gpasserot@pershome.fr
À : stagiaire@pershome.fr
Objet : Note de frais
Frais.jovial.docx

Bonjour,
Merci de procéder à la vérification de la note de frais ci-jointe et aux rectifications qui s'imposent.
Vous préparez une note pour rappeler à l'intéressé :
– les modalités applicables aux remboursements de frais de déplacement, d'hébergement et de restauration,
– la date de remise de la note de frais (avant le 5 du mois suivant) accompagnée des justificatifs demandés.
Vous insisterez sur la nécessité de respecter la charte d'entreprise (3e rappel).

Cordialement.
Gilles Passerot

Doc. 2 Charte « Frais de déplacements »

Distances kilométriques

Agay	16 km	**Gassin**	35 km	**Saint-Maxime**	39 km
Brignoles	65 km	**Draguignan**	30 km	**Saint-Tropez**	37 km
Fayence	35 km	**Hyères**	92 km		

Tarif kilométrique applicable*

Puissance administrative	Jusqu'à 5 000 km	De 5 001 à 20 000 km	Au-delà de 20 000 km
3 CV et moins	d × 0,41	(d × 0,245) + 824	d × 0,286
4 CV	d × 0,493	(d × 0,277) + 1 082	d × 0,332
5 CV	d × 0,543	(d × 0,305) + 1 188	d × 0,364
6 CV	d × 0,568	(d × 0,320) + 1 244	d × 0,382
7 CV et plus	d × 0,595	(d × 0,337) + 1 288	d × 0,401

* Voiture utilisée : 6 CV - 22 000 km/an

Remboursement sur la base tarif SNCF 2e classe :
- Fréjus/Marseille : 27,00 €
- Fréjus/Toulon : 15,20 €

Indemnité de repas : 15 €
Indemnité Hôtel – petit-déjeuner : 90 €
Justificatifs obligatoires pour les frais d'hôtel et les billets SNCF.

Doc. 3 Note de frais de M. Jovial

Période du 1er mars au 31 mars N

NOM : JOVIAL Prénom : Luc

Fonction : Chef de chantier - Commercial

Date	Nature des frais	Montant des frais			
		Hôtel	Restaurant	Nombre de km	SNCF
03/03	Clients Gassin		18,50	75	
05/03	Clients Agay		–	32	
06/03	Clients Saint-Maxime		15,00	78	
07/03	Clients Fayence		–	76	
09/03	Stage Marseille	120,00	45,00	–	30,00
10/03	Stage Marseille		40,00	–	30,00
12/03	Clients Draguignan		15,00	65	
15/03	Salon Toulon		35,00	–	30,40
18/03	Clients Hyères		18,30	200	
22/03	Clients Brignoles		16,50	130	
24/03	Clients Saint-Tropez		18,00	74	
26/03	Exposition Toulon		15,50	–	30,40
30/03	Clients Draguignan		17,20	65	
	Totaux	**120,00**	**254,00**	**795 km**	**120,80**
	Coût déplacement véhicule calculé par les services				

	Déclaré	Vérifié
Total Hébergement	120,00	
Total Restauration	254,00	
Total SNCF	120,80	
Total Déplacement voiture		
TOTAL GÉNÉRAL		

Doc. 4 Liste des candidatures

Candidatures aux postes de technicienne de surface

NOM Prénom	À convoquer en entretien		Disponibilités entretien
	Oui	Non	
MARTINEZ Carmen	✗		
GALOIS Claire			
DEBUIS Noémie			
BLAISE Martine	✗		
VALOIS Josiane			
BERKI Fatima	✗		Garde d'enfants le mercredi
SOLAL Monique			
KAZANOVA Irma			
JOLY Michèle			
GARCIA Maria	✗		Après-midi uniquement
COLOMB Sylvie			
KAZANI Agnès	✗		
VOLIER Bruna			
MARTINI Julia	✗		Matin uniquement
ZARKA Velodia			

Candidatures au poste de jardinier

NOM Prénom	À convoquer en entretien		Disponibilités entretien
	Oui	Non	
BARTON Ludovic	✗		
SLAMA Mohamed	✗		Après-midi uniquement
GUICHERD Johan			
VIRODI Bertrand			
PAULI Albert	✗		Indisponible le jeudi
VIRIEU Antony			
GOLOIS Pierre			
KOULANI Amed	✗		Retenu le vendredi

Doc. 5 Agenda du directeur général

2017 • Semaine 21

	LUNDI	MARDI	MERCREDI	JEUDI	VENDREDI
8		Salon du Bien-être Paris			
9	Réunion d'équipe				
10					
11					
12					
13					
14			Réunion Mairie		
15					Réunion équipe de direction
16				Réunion EDF	
17	RDV Bariol				
18					

[Lundi: Réunion d'équipe 9 h–10 h, RDV Bariol 17 h–18 h. Mardi: Salon du Bien-être, Paris 8 h–18 h. Mercredi: Réunion Mairie 14 h–16 h. Jeudi: Réunion EDF 16 h–18 h. Vendredi: Réunion équipe de direction 15 h–17 h.]

Doc. 6 Agenda du directeur du personnel

2017 • Semaine 21

	LUNDI	MARDI	MERCREDI	JEUDI	VENDREDI
8				RDV Martin	
9	Réunion d'équipe		Formation Techniques relationnelles Marseille		RDV Colinou
10					
11					
12					
13					
14		Rénion CCI			
15					Réunion équipe de direction
16					
17					
18					

[Lundi: Réunion d'équipe 9 h–10 h. Mardi: Rénion CCI 14 h–17 h. Mercredi: Formation Techniques relationnelles, Marseille 9 h–17 h. Jeudi: RDV Martin 8 h–9 h. Vendredi: RDV Colinou 9 h–10 h, Réunion équipe de direction 15 h–17 h.]

Doc. 7 Courriel de Mme Perceval

De : sperceval@pershome.fr
À : ljovial@pershome.fr
Objet : Paie du mois de mars

Bonjour,
Je vous informe que ma paie du mois de mars comporte des erreurs.
Il m'a été compté 89 heures normales et les heures travaillées le dimanche n'ont pas été prises en compte. Merci de rectifier rapidement.

Cordialement.
Sophie Perceval

Doc. 8 Extrait du bulletin de salaire

Heures normales	**Taux horaire**	
89 h	**9,20 €**	-
Heures majorées		
-		
Prime		
-		
	Salaire net	**818,80 €**

Doc. 9 Barème « Rémunérations »

Les relevés d'heures s'effectuent par semaine.

Rémunération nette horaire :
- Technicien de surface 9,20 €
- Chargé de soins à la personne 12,50 €
- Agent de maintenance 10,50 €
- Jardinier 15,20 €

Paiement des heures supplémentaires :
- majoration de 25 % de la 36e à la 43e heure
- majoration de 50 % au-delà

Paiement des heures travaillées le dimanche : majoration de 50 %

Primes :
- 2 dimanches travaillés dans le mois : 20 €
- à partir de 3 dimanches travaillés dans le mois : 50 €

Doc. 10 **Consignes du directeur du personnel**

Je vais organiser prochainement une réunion destinée à l'ensemble du personnel sur le thème de la santé-sécurité au travail avec les objectifs suivants :
- rappeler les règles générales de santé-sécurité ;
- effectuer un constat : non-respect des consignes de sécurité, port des EPI non respecté (casque, gants, chaussures de sécurité…) ;
- exposer les risques encourus par le personnel et les clients ;
- rappeler la réglementation sur le port des EPI et les obligations respectives.

À partir de la documentation mise à votre disposition, vous préparerez :
- un document synthétique sur le port des EPI et les responsabilités qui en découlent ;
- un diaporama de présentation, support de l'animation.

En fin de réunion, je ferai appel à candidature pour le poste de Référent santé-sécurité et répondrai aux questions diverses.

Veuillez également préparer une note de service pour annoncer une réunion de l'ensemble du personnel sur ce thème, le 25 avril à 16 heures, en salle de conférences.

Merci.

Brice MILAN

Doc. 11 **Documentation sur le port des EPI**

Qui est responsable en cas de non-port des équipements de protection individuelle ?

La jurisprudence rappelle que le chef d'entreprise doit veiller à l'application des règles de sécurité dans son entreprise. L'employeur est soumis à une obligation de sécurité très exigeante puisqu'elle porte sur une obligation de résultat. En effet, la préservation effective de la santé et de la sécurité du salarié est placée sous son autorité. Il est alors naturel que l'employeur puisse en contrepartie faire usage de son pouvoir disciplinaire en cas de manquements de ses salariés aux consignes de sécurité.

Obligations de l'employeur

L'employeur a une obligation générale de sécurité à l'égard de ses salariés. Il doit prendre toutes les mesures nécessaires pour assurer la sécurité et protéger la santé physique et mentale de ses travailleurs. Ces mesures comprennent notamment :
- des actions de prévention des risques professionnels,

Doc. 11 Suite

- des actions d'information et de formation,
- la mise en place d'une organisation et de moyens adaptés (Code du travail, art. L. 4121-1).

Les équipements de protection individuelle (EPI)

L'article R4321-4 du Code du travail stipule que « l'employeur met à la disposition des travailleurs, en tant que de besoin, les équipements de protection individuelle appropriés et, lorsque le caractère particulièrement insalubre ou salissant des travaux l'exige, les vêtements de travail appropriés. Il veille à leur utilisation effective. »

D'après les principes généraux de prévention tirés des articles L. 4121-1 à L. 4121-5 du Code du travail, l'employeur a une obligation de résultat en matière de protection de la santé et de la sécurité de ses salariés.

Ainsi, si à l'issue de l'analyse de sécurité sur un poste de travail, un EPI est rendu obligatoire, l'employeur doit :

- mettre à disposition l'EPI adéquat aux salariés concernés,
- informer les salariés concernés sur l'obligation de port effectif de ces équipements par le biais du règlement intérieur ou de consignes écrites portées à l'attention du personnel concerné,
- s'assurer auprès de ces mêmes personnes que l'équipement est effectivement porté,
- informer les salariés sur les sanctions dont ils sont passibles en cas de non-observation de ces obligations.

Exemple : pour la simple utilisation de chaussures de sécurité ou de gants, l'employeur doit définir les consignes de sécurité et organiser une formation.

Un défaut de formation ou d'information du salarié pourrait contribuer à diminuer la responsabilité de celui-ci en cas de manquement. *A contrario*, si l'employeur met tout en œuvre pour garantir la sécurité, le manquement d'un salarié à son obligation constitue une faute susceptible d'être sanctionnée.

Obligations des salariés

Les salariés ont également des obligations en matière de santé et de sécurité au travail (*Art. L4122-1 du Code du travail*) : « Chaque salarié doit prendre soin, en fonction de sa formation et selon ses possibilités, de sa sécurité et de sa santé, ainsi que de celles des autres personnes concernées du fait de ses actes ou de ses omissions au travail. »

Doc. 11 Suite

Cette obligation implique notamment qu'il :

- utilise correctement les machines, appareils, outils, véhicules et dispositifs de sécurité, qu'il ne doit ni modifier, ni mettre hors service,
- porte les équipements de protection, en respectant leur destination,
- alerte l'employeur de toute situation de travail présentant un risque de danger grave et imminent et de toute défectuosité des systèmes de protection.

Un salarié qui ne respecte pas les règles de sécurité, par exemple en cas de non port de ses protections (EPI), peut être sanctionné. Les sanctions peuvent aller du simple avertissement au licenciement disciplinaire suivant la gravité de la faute.

Exemple : le refus de porter un casque de sécurité ou tout équipement de protection obligatoire constitue un manquement à l'obligation générale de sécurité du salarié pouvant justifier un licenciement pour faute grave.
Attention ! Si le salarié n'a pas reçu la formation nécessaire, il peut s'exonérer de sa responsabilité (à condition de n'avoir commis aucune imprudence et d'avoir respecté les consignes de sécurité).

Publié le 12 octobre 2016 sur
http://tpeconnect.fr/responsabilite-port-equipements-securite/

Annexes

Annexe A Note de frais

Période du 1er au 31 mars N

NOM : JOVIAL Prénom : Luc

Fonction : Chef de chantier – Commercial

Date	Nature des frais	Montant des frais							
		Hôtel		Restaurant		Nombre de km		SNCF	
03/03	Clients Gassin			18,50		75			
05/03	Clients Agay			–		32			
06/03	Clients Saint-Maxime			15,00		78			
07/03	Clients Fayence			–		76			
09/03	Stage Marseille	120,00		45,00		–		30,00	
10/03	Stage Marseille			40,00		–		30,00	
12/03	Clients Draguignan			15,00		65			
15/03	Salon Toulon			35,00		–		30,40	
18/03	Clients Hyères			18,30		200			
22/03	Clients Brignoles			16,50		130			
24/03	Clients Saint-Tropez			18,00		74			
26/03	Exposition Toulon			15,50		–		30,40	
30/03	Clients Draguignan			17,20		65			
	Totaux	**120,00**		**254,00**		**795 km**		**120,80**	
Coût déplacement véhicule calculé par les services									

	Déclaré	Vérifié
Total Hébergement	120,00	
Total Restauration	254,00	
Total SNCF	120,80	
Total Déplacement voiture		
TOTAL GÉNÉRAL		

Annexe B **Planification des entretiens**

LUNDI	MARDI	MERCREDI	JEUDI	VENDREDI
8	8	8	8	8
9	9	9	9	9
10	10	10	10	10
11	11	11	11	11
12	12	12	12	12
13	13	13	13	13
14	14	14	14	14
15	15	15	15	15
16	16	16	16	16
17	17	17	17	17
18	18	18	18	18

Annexe C Fiche d'heures mensuelles

FICHES D'HEURES MENSUELLES

Nom : PERCEVAL Mois : Mars

Prénom : Sophie Total mensuel

1re semaine

	Jour	Nombre d'heures
lundi	3	4,00
mardi	4	6,00
mercredi	5	2,50
jeudi	6	7,50
vendredi	7	
samedi	8	
dimanche	9	
Total		

2e semaine

	Jour	Nombre d'heures
lundi	10	4,50
mardi	11	5,50
mercredi	12	
jeudi	13	4,00
vendredi	14	5,00
samedi	15	
dimanche	16	4,00
Total		

3e semaine

	Jour	Nombre d'heures
lundi	17	4,00
mardi	18	6,00
mercredi	19	
jeudi	20	2,50
vendredi	21	4,50
samedi	22	
dimanche	23	3,00
Total		

4e semaine

	Jour	Nombre d'heures
lundi	24	6,00
mardi	25	4,00
mercredi	26	
jeudi	27	5,50
vendredi	28	4,50
samedi	29	
dimanche	30	2,00
Total		

5e semaine

	Jour	Nombre d'heures
lundi	31	4,00
mardi		
mercredi		
jeudi		
vendredi		
samedi		
dimanche		
Total		

Heures normales		9,20	
Heures majorées		13,80	
Prime			
Montant net			

DOSSIER 1

1. Note de frais de M. Jovial

Date	Nature des frais	Montant des frais							
		Hôtel		Restaurant		Nombre de km		SNCF	
03/03	Clients Gassin			18,50	15,00	75	70		
05/03	Clients Agay			–		32			
06/03	Clients Saint-Maxime			15,00		78			
07/03	Clients Fayence			–		76	70		
09/03	Stage Marseille	120,00	90,00	45,00	30,00	–		30,00	27,00
10/03	Stage Marseille			40,00	15,00	–		30,00	27,00
12/03	Clients Draguignan			15,00		65	60		
15/03	Salon Toulon			35,00	15,00	–		30,40	
18/03	Clients Hyères			18,30	15,00	200	184		
22/03	Clients Brignoles			16,50	15,00	130			
24/03	Clients Saint-Tropez			18,00	15,00	74			
26/03	Exposition Toulon			15,50	15,00	–		30,40	
30/03	Clients Draguignan			17,20	15,00	65	60		
	Totaux	**120,00**	**90,00**	**254,00**	**180,00**	**795 km**	**758**	**120,80**	**114,80**
	Coût déplacement véhicule calculé par les services								

	Déclaré	Vérifié
Total Hébergement	120,00	90,00
Total Restauration	254,00	180,00
Total SNCF	120,80	114,80
Total Déplacement voiture		289,55
TOTAL GÉNÉRAL		674,35

2. Note adressée au chef de chantier, M. Jovial

Fréjus, le 10 avril N

Émetteur :
Le directeur du personnel

Destinataire :
M. Luc Jovial, chef de chantier

Après vérification de votre note de frais du mois de mars, de nombreuses erreurs ont été relevées et corrigées sur l'exemplaire ci-joint.

Il convient de respecter :

- le délai de remise des notes de frais, soit au plus tard le 5 du mois suivant,
- les distances kilométriques préalablement définies (voir document ci-joint),
- les montants forfaitaires alloués aux hébergements (90 € maximum par nuit, petit-déjeuner compris) et aux frais de restauration (15 € par repas), aux déplacements basés sur le tarif 2e classe SNCF (15,20 € pour Toulon et 27 € pour Marseille).

En outre, des justificatifs sont à produire impérativement pour les frais d'hôtel et les billets SNCF.

S'agissant du troisième rappel depuis le début de l'année, vous comprendrez que le respect par chacun de la charte « Frais de déplacements » contribue au bon fonctionnement de notre entreprise et donc s'impose à vous.

Brice Milan, Directeur du personnel

PJ : 2

DOSSIER 2

1. Planification des entretiens

	LUNDI	MARDI	MERCREDI	JEUDI	VENDREDI
8					
9					
10				BERKI	
11				BLAISE	
12				MARTINI	
13					
14	BARTON			GARCIA	
15	KOULANI			KAZANI	
16	PAULI			MARTINEZ	
17	SLAMA				
18					

Jardinier (vert) — Techniciennes de surface (beige)

2. Lettre type de convocation à un entretien d'embauche

PERS'HOME
120 avenue des Palmiers
83600 FRÉJUS

[CIVILITÉ] [NOM] [PRÉNOM]
[ADRESSE]
[CP] [VILLE]
Marseille,
Le [DATE_ENVOI]

Objet : Convocation entretien d'embauche

[CIVILITÉ],

Votre candidature au poste de [POSTE] au sein de notre entreprise a retenu toute notre attention et nous souhaitons vous rencontrer.

Nous vous proposons un entretien avec l'équipe de direction le [DATE_ENTRETIEN] à [HEURE_ENTRETIEN] dans nos locaux situés à l'adresse ci-dessus indiquée.

En cas d'empêchement justifié, vous voudrez bien nous contacter au 06 38 39 15 88 pour convenir d'une autre date.

Veuillez agréer, [CIVILITÉ], nos sincères salutations.

Brice MILAN,
Directeur du personnel

3. Simplification de la gestion des agendas des personnels d'encadrement

Je propose l'utilisation d'un agenda partagé qui permettrait aux membres de l'équipe de direction d'accéder en ligne à l'agenda de chacun.

L'agenda partagé est mis à jour en temps réel et chacun peut ainsi organiser son temps de travail en fonction du planning de ses collaborateurs.

DOSSIER 3

FICHE D'HEURES MENSUELLES

Nom : PERCEVAL — Mois : Mars

Prénom : Sophie — Total mensuel **89**

1re semaine

	Jour	Nombre d'heures
lundi	3	4,00
mardi	4	6,00
mercredi	5	2,50
jeudi	6	7,50
vendredi	7	
samedi	8	
dimanche	9	
Total		**20,00**

2e semaine

	Jour	Nombre d'heures
lundi	10	4,50
mardi	11	5,50
mercredi	12	
jeudi	13	4,00
vendredi	14	5,00
samedi	15	
dimanche	16	4,00
Total		**23,00**

3e semaine

	Jour	Nombre d'heures
lundi	17	4,00
mardi	18	6,00
mercredi	19	
jeudi	20	2,50
vendredi	21	4,50
samedi	22	
dimanche	23	3,00
Total		**20,00**

4e semaine

	Jour	Nombre d'heures
lundi	24	6,00
mardi	25	4,00
mercredi	26	
jeudi	27	5,50
vendredi	28	4,50
samedi	29	
dimanche	30	2,00
Total		**22,00**

5e semaine

	Jour	Nombre d'heures
lundi	31	4,00
mardi		
mercredi		
jeudi		
vendredi		
samedi		
dimanche		
Total		**4,00**

Heures normales	80,00	9,20	736,00
Heures majorées	9,00	13,80	124,20
Prime			50,00
Montant net			910,20

2. Mémo adressé à Vanessa Paul, gestionnaire

Mme Sophie PERCEVAL conteste le décompte de ses heures du mois de mars.

Après vérification du décompte d'heures (ci-joint), il s'avère en effet que :
- les 9 heures travaillées les dimanches n'ont pas été majorées ;
- la prime correspondant à 3 dimanches travaillés a été omise.

Merci de bien vouloir rectifier.

DOSSIER 4

1. Voici le document synthétique exposant les obligations respectives de l'employeur et des salariés en matière de santé-sécurité au travail, de manière générale, et plus particulièrement en ce qui concerne les EPI.

Réglementation relative à la santé-sécurité en entreprise et au port des EPI

L'employeur	Les salariés
Obligation générale	
Obligation générale de sécurité de résultat en matière de protection de la santé-sécurité des salariés, sous peine de sanctions pénales. (Art. L.4121-1 à L.4121-5 du Code du travail)	Obligation de prendre soin de sa sécurité et de sa santé, ainsi que de celles des autres personnes concernées du fait de ses actes ou de ses omissions au travail. (Art. L4122-1 du Code du travail)
Mise en place des mesures nécessaires pour assurer la sécurité et protéger la santé physique et mentale des salariés. ◗ Actions de prévention des risques professionnels. ◗ Actions d'information et de formation (ex. utilisation des chaussures de sécurité, des gants). ◗ Mise en place d'une organisation et de moyens adaptés.	◗ Utilisation correcte des machines, appareils, outils, véhicules et dispositifs de sécurité, qui ne doivent être ni modifiés, ni mis hors de service. ◗ Port des équipements de protection dans le respect de leur destination. ◗ Alerte de l'employeur quand une situation de travail présente un risque de danger grave et imminent et de défaut des systèmes de protection.

Réglementation relative au port des équipements de protection individuelle (EPI)	
Obligations à l'issue de l'analyse de sécurité sur un poste de travail : ◗ mise à disposition des EPI adaptés, ◗ information sur l'obligation du port effectif des EPI (règlement intérieur, consignes écrites), ◗ vérification du port effectif des EPI, ◗ informations sur les sanctions encourues en cas d'inobservation des règles.	◗ En cas de non-respect des règles de sécurité ou du non port des EPI, possibilités de sanctions allant du simple avertissement au licenciement disciplinaire suivant la gravité de la faute. ◗ Limitation de la responsabilité du salarié en cas de défaut d'information et de formation de la part de l'employeur si les consignes ont été respectées et en l'absence d'imprudence.

2. Les deux premières diapositives du diaporama de présentation qui servira de support d'animation de la réunion seront :

[Logo de l'entreprise]

LA SANTÉ-SÉCURITÉ AU TRAVAIL

L'affaire de tous ...

[Date]

ORDRE DU JOUR

- **Règles générales de santé-sécurité**
- **Non-respect de la réglementation**
- **Risques pour le personnel et les clients**
- **Port des EPI : les obligations respectives**
- **Référent santé-sécurité**
- **Questions diverses**

Émetteur :
Brice MILAN
Directeur du personnel

Fréjus,
Le 5 avril N

Destinataire :
Ensemble du personnel

Objet : **Réunion sur la santé-sécurité au travail**

Une réunion sur la sécurité au travail est prévue le 25 avril à 16 heures en salle de conférences pour l'ensemble du personnel.

Ordre du jour :
- rappel des règles générales de santé-sécurité ;
- état des lieux sur les risques encourus au sein de l'entreprise par le personnel et les clients ;
- réglementation sur le port des équipements de protection individuelle (EPI) ;
- appel à candidature pour le poste de Référent santé-sécurité.

Présence de tous indispensable.

Merci pour votre collaboration.

Le Directeur du personnel,
Brice MILAN

s'engage pour
l'environnement en réduisant
l'empreinte carbone de ses livres.
Celle de cet exemplaire est de :
600 g éq. CO_2
Rendez-vous sur
www.editions-foucher-durable.fr

PAPIER À BASE DE
FIBRES CERTIFIÉES

Mise en page/Infographies : STDI

JF/SM

Achevé d'imprimer par Grafo à Basauri-Espagne - Dépôt légal: 15335-0/01 - Décembre 2018